바쁜 일상에 마음을 빼앗겨 기도하기를 잊어 가고, 기도할 때 누리는 은혜의 생생함이 점점 희소해져 가는 요즘, 기도는 우리 삶에서 그 어떤 일보다 긴급히 요구되는 일이라 할 수 있다. 이러한 우리의 필요를 채워 줄 좋은 책이 나왔다. 존 번연의 『기도』가 담고 있는 내용은 그 분량과 비교할 수 없을 만큼 깊고 넓으며 풍성하다. 이 위대한 기도의 유산이 우리를 영과 마음으로 기도하게 하여 은혜의 보좌를 활짝 열게 할 줄 믿기에 즐거이 추천한다.

화종부 남서울교회 담임목사

존 번연의 『기도』는 무엇보다 목회자의 마음으로 쓰여진 책이다. 그는 기도하기를 힘들어하는 연약한 영혼들을 연민하고, 날마다 은혜를 필요로 하는 성도들의 연약함을 동정하는 동시에, 그들에게 기도할 것을 격려하고 때로 강하게 책망한다. 이 책을 읽는 독자들은 그의 문장에서 참된 목자의 마음뿐 아니라, 12년의 수감생활과 곤고한 인생 여정에서 깊은 기도를 경험했던 저자의 깊이와 무게를 느낄 수 있을 것이다.

또한 이 책은 철저하게 그리스도 중심적이다. 기독교 신앙에서 그리스도 중심성을 벗어날 수 있는 영역은 존재하지 않는다. 저자는 하나님의 은혜의 보좌에 나아갈 근거가 되시는 그리스도만을 조명한다. 그의 표현대로 믿음은 그리스도를 이해하는 정도에 따라 커지거나 작아지고, 은혜의 보좌에 담대히 나아갈 용기도 그 믿음에 비례함을 알기 때문이다. 저자가 특유의 상상력을 동원하여 성경말씀으로 그리스도를 드러낼 때, 독자들은 그리스도께서 높임을 받으심을 보며 가슴이 뜨거워지는 경험을 할 것이다. 성령께서 존 번연의 안내를 받는 독자들의 마음을 은혜의 보좌로 이끄셔서 때를 따라 돕는 은혜를 누리게 하시기를 바란다.

김형익 벧샬롬교회 담임목사

기도는 인간의 연약함과 의존성을 나타낸다. 인간은 연약하고 스스로 존재하지 않기 때문에 기도는 모든 인간의 언어라고 해도 무방하다. 그러나 모든 인간의 기도가 참되지는 않다. 기도는 합당한 대상에게 합당한 방식으로 드려져야 하기 때문이다. 존 번연은 기도와 관련된 문제로 부당한 투옥을 당했고 그곳에서 기도를 깊이 묵상한 결과물을 출간했다. 그리고 기도가 은혜의 신적 보좌 앞으로 나아가는 일이기에 히브리서 4:16을 해석하여 출간했다. 이 두 작품이 오롯이 담겨 있는 『기도』를 영과 마음으로 드리는 참된 기도의 청교도적 본질과 의미를 가장 잘 소개하는 책으로 추천한다.

한병수 전주대학교 선교신학대학원 교의학 교수

기
도

John Bunyan

Prayer

기도

존 번연 지음 · 정상윤 옮김

오늘을 위한 퓨리턴 08

빛으로
빛 있는 사람

기도

2022년 4월 19일 초판 1쇄 인쇄
2022년 4월 29일 초판 1쇄 발행

지은이 존 번연
옮긴이 정상윤
펴낸이 박종현

(주) 복 있는 사람
주소 서울특별시 마포구 연남동 246-21(성미산로23길 26-6)
전화 02-723-7183(편집), 7734(영업·마케팅) 팩스 02-723-7184
이메일 hismessage@naver.com
등록 1998년 1월 19일 제1-2280호

ISBN 979-11-91987-56-0 03230

차례

이 책에는 존 번연이 기도에 대해 쓴 두 글, 서로 긴밀히 연결된 두 글이 묶여 있다.

　원래 『내가 영으로 기도하고 마음으로 기도하리라』*I Will Pray with the Spirit and with the Understanding* 또는 『기도론』*A Discourse Touching Prayer*이라는 제목으로 1662년 출간된 첫 번째 글은 번연이 베드포드 감옥―후에 "불멸의 꿈"을 꾼 곳―에 있을 때 나왔다. 다른 이유들도 있었지만 당시 영국 국교회 『공동기도서』*Book of Common Prayer*에 실린 기도의 형식들을 사용하기를 반대한 탓에 투옥되었던 그가 기도의 참된 본질에 대해 쓰면서, 기도란 마음에서 절로 솟아나오는 말이어야 한다고 주장한 것은 놀랄 일이 아니다. 시대 배경으로 인해 글의 형식은 예스럽지만, 기도를 전능하신 하나님과 벌이는 진정한 영혼의 씨름으로 여겼던 이가 쓴 만큼 영적인 깊이

가 있다.

두 번째 『성도의 특권과 유익』*The Saint's Privilege and Profit* 또는 『은혜의 보좌』*Throne of Grace*는 은혜의 보좌로 담대히 나아가라는 히브리서 4:16의 초청에 토대한 글이다. 번연이 임종할 무렵 출판을 위해 준비해 둔 열 편의 유고 중 한 편으로, 1692년 찰스 도Charles Doe가 번연 작품집을 내면서 2절판 초판으로 출간했다.

이 두 글은 조지 오포George Offor가 모아서 편집한 번연 작품집—일반적으로 가장 훌륭한 판본으로 인정받는 작품집—에 나란히 실려 있다. 우리는 오포의 원문에 따라 재판을 출간하되, 필요하다고 판단되는 부분은 현대적 표현으로 바꾸고 모호한 부분은 명확하게 손질했다. 항목도 세분하고 부제를 달았다.

PART 1. 영으로 드리는 기도

"내가 영으로 기도하고 또 마음으로 기도하며……." 고전 14:15

기도는 공적으로나 사적으로나 공히 사용하도록 하나님이 정해 주신 규례다. 그렇다. 간구의 영을 지닌 자들이 하나님과 깊은 친밀함을 누리도록 이끌어 주는 규례다. 또한 기도하는 자와 그가 중보하는 자들에게 하나님의 큰 일이 일어나게 하기에 아주 효력 있는 행위다. 하나님의 마음을 여는 도구이자 아무리 빈 영혼이라도 가득 채워 주는 통로이다. 그리스도인은 기도를 통해 친구에게 마음을 열듯이 하나님께 마음을 열 수 있으며, 그럼으로써 하나님과 나누는 우정에 대해 새로이 증언할 수 있게 된다. 공적인 기도와 사적인 기도의 차이점만큼이나 마음으로 드리는 기도와 음성으로 드리는 기도의 차이점에 대해서도 많은 말을 할 수 있다. 또한 기도의 은사와 은혜의 차이점에 대해서도 할 수 있는 말들이 있지만, 지금은 기도의 핵심만—그것이 빠지면 손과 눈과 음성을 다 올려 드린다 해도 소용없는 기도의 핵심 자체만—밝히려 한다. 그 핵심이란 곧 "영으로 기도"해야 한다는 것이다.

나는 다음과 같은 순서로 이 주제를 다루려 한다.

1. 참된 기도가 무엇인지 밝힐 것이다.
2. 영으로 기도한다는 것이 무엇인지 밝힐 것이다.
3. 영으로 기도하고 마음으로 기도한다는 것이 무엇인지 밝힐 것이다.
4. 이제부터 나올 내용을 활용하고 적용할 수 있는 간단한 방법을 알려 줄 것이다.

chapter 01

참된 기도란 무엇인가?

기도는 진실하게, 감각을 가지고, 감정을 다해, 그리스도를 통해, 하나님께 마음 또는 영혼을 쏟아내는 일로서, 성령의 힘과 지원을 받아, 하나님이 약속하신 일을 그의 말씀에 따라, 교회의 유익을 위해, 하나님의 뜻에 믿음으로 복종하면서 구하는 것이다.

이 진술은 기도의 7가지 요소를 제시한다.

1. 진실해야 한다.
2. 감각이 있어야 한다.
3. 감정을 다해, 그리스도를 통해, 하나님께 영혼을 쏟아내야 한다.
4. 성령의 힘과 지원을 받아야 한다.
5. 하나님이 약속하신 일을 그의 말씀에 따라 구해야 한다.

6. 교회의 유익을 위해 구해야 한다.

7. 하나님의 뜻에 믿음으로 복종하면서 구해야 한다.

1. 무엇보다 먼저 기도는 진실하게 하나님께 영혼을 쏟아내는 일이다.
진실함은 우리 안에 있는 하나님의 모든 은혜와 그리스도인의
모든 행동을 관통하며 지배하는 은혜로서, 진실하지 않은 행동
은 하나님의 주목을 끌지 못한다. 다윗은 특별히 기도를 언급하
며 진실함에 대해 이야기한다. "내가 나의 입으로 그에게 부르
짖으며 나의 혀로 높이 찬송하였도다. 내가 나의 마음에 죄악을
품었더라면 주께서 듣지 아니하시리라."^{시 66:17-18}

진실함은 실제 기도의 일부로서, 진실하지 않은 기도는 하나
님이 기도로 받지 않으신다.^{시 16:1-4} "너희가 내게 부르짖으며 내
게 와서 기도하면 내가 너희들의 기도를 들을 것이요 너희가 온
마음으로 나를 구하면 나를 찾을 것이요 나를 만나리라."^{렘 29:12-13}
주께서 호세아 7:14에 나오는 자들의 기도를 거절하신 것은 이
진실함이 없는 탓이었다. "성심으로—진실하게—나를 부르지
아니하였으며 오직 침상에서 슬피 부르짖으며." 이런 기도는 자
기 모습을 사람들한테 보여 갈채를 받기 위한 위선적 과시와 가
식에 불과하다. 그리스도가 무화과나무 아래 있던 나다나엘을
보고 칭찬하신 자질도 진실함이었다. "보라, 이는 참으로 이스라
엘 사람이라. 그 속에 간사한 것이 없도다."^{요 1:47} 무화과나무 아
래 있던 이 선한 자는 꾸밈없이 진실한 심령으로 주 앞에서 기도
하며 자기 영혼을 쏟아냈을 것이다. 기도의 주요소 중 하나인 이

진실함이 있는 기도라야 하나님의 주목을 받는다. "정직한 자의 기도는 그가 기뻐하시느니라."잠 15:8

진실함이 그가 받으시는 기도의 핵심요소인 이유가 무엇일까? 진실해야 아주 단순하게 하나님께 마음을 열고 얼버무림 없이 분명하게 자기 사정을 아뢸 수 있기 때문이며 숨김없이 분명하게 자신을 정죄할 수 있기 때문이다. 또한 의례적인 표현 없이 진심으로 하나님께 부르짖을 수 있기 때문이다. "에브라임이 스스로 탄식함을 내가 분명히 들었노니 주께서 나를 징벌하시매 멍에에 익숙하지 못한 송아지 같은 내가 징벌을 받았나이다."렘 31:18 진실하다는 것은 혼자 구석에 있을 때나 온 세상 앞에 나설 때나 똑같다는 뜻이다. 두 개의 가면을 가지고 사람들 앞에 보일 용도와 사적인 용도로 가려 쓰지 않는다는 뜻이며 기도의 의무를 행할 때 반드시 하나님 앞에서 그와 함께한다는 뜻이다. 하나님이 그러하시듯 입술의 수고에 주목하는 대신 자기 마음이 진실한지 살펴본다는 뜻이다. 참된 기도는 마음에서부터 나온다.

2. 기도는 진실하게, 또한 감각을 가지고 마음 또는 영혼을 쏟아내는 일이다.

기도는 많은 이들의 생각처럼 몇 마디 웅얼거리거나 주절거리거나 의례적인 표현을 쓰는 것이 아니라 마음으로 감각하며 느끼는 것이다. 기도할 때 우리는 여러 가지를 감각한다. 때로는 죄를, 때로는 베푸신 긍휼을, 때로는 곧 베풀려 하시는 긍휼을 감각한다.

(1) 위험한 죄를 지은 까닭에 **잃어버린 긍휼**을 감각한다. 그렇다. 영혼은 이를 느끼며 이 때문에 탄식하고 신음하고 상심한다. 무거운 짐에 눌린 몸에서 피가 흘러나오듯 비탄과 비통에 압도된 마음에서 바른 기도가 새어 나온다.^{삼상 1:10, 시 69:3} 다윗은 울부짖고 부르짖으며 울었다. 그의 마음은 불안했고 눈은 쇠했으며 몸은 메말랐다.^{시 38:8-10} 히스기야도 비둘기처럼 슬피 울었다.^{사 38:14} 에브라임도 탄식했다.^{렘 31:18} 베드로도 심히 통곡했다.^{마 26:75} 그리스도도 심한 통곡과 눈물을 올리셨다.^{히 5:7} 하나님의 공의와 죄책, 지옥과 멸망의 고통을 감각했기 때문이었다. "사망의 줄이 나를 두르고 스올의 고통이 내게 이르므로 내가 환난과 슬픔을 만났을 때에 내가 여호와의 이름으로 기도하기를……."^{시 116:3-4} 다른 시편기자도 "내 상처가 밤새 아프구나"라고 한다.^{시 77:2, KJV} 또 다른 시편에는 "심히 구부러졌으며 종일토록 슬픔 중에 다니나이다"라는 표현이 나온다.^{시 38:6} 이 모든 예는 기도가 감각하고 느끼는 데서, 무엇보다 먼저 죄를 감각하는 데서 시작됨을 보여 준다.

(2) **베푸신 긍휼**을 감미롭게 감각한다. 격려와 위로와 힘과 생기와 깨우침을 주시는 긍휼을 감각한다. 그래서 다윗은 온 영혼을 쏟아, 이토록 형편없이 악하고 비참한 자들에게 인자를 베푸시는 크신 하나님을 송축하고 찬양하며 칭송했다. "내 영혼아, 여호와를 송축하라. 내 속에 있는 것들아, 다 그의 거룩한 이름을 송축하라. 내 영혼아, 여호와를 송축하며 그의 모든 은택을 잊지 말지어다. 그가 네 모든 죄악을 사하시며 네 모든 병을 고

치시며 네 생명을 파멸에서 속량하시고 인자와 긍휼로 관을 씌우시며 좋은 것으로 네 소원을 만족하게 하사 네 청춘을 독수리 같이 새롭게 하시는도다."시 103:1-4

이처럼 성도의 기도가 찬송과 감사로 바뀔 때가 있는데, 이 또한 기도다. 여기에 비밀이 있다. 하나님 백성은 찬송으로 기도한다. "아무것도 염려하지 말고 다만 모든 일에 기도와 간구로, 너희 구할 것을 감사함으로 하나님께 아뢰라"는 구절만 보아도 알 수 있다.빌 4:6 베푸신 긍휼을 느끼고 감사하는 것은 하나님이 보시기에 강력한 기도다. 그를 설득하기에 말할 수 없이 좋은 기도다.

(3) 곧 **베푸실 긍휼**을 기도 중에 영혼으로 감각한다. 이 또한 영혼을 타오르게 한다. 다윗은 말한다. "만군의 여호와 이스라엘의 하나님이여, 주의 종의 귀를 여시고 이르시기를 내가 너를 위하여 집을 세우리라 하셨으므로 주의 종이 이 기도로 주께 간구할 마음이 생겼나이다."삼하 7:27 이런 감각이 야곱이나 다윗이나 다니엘 같은 인물들을 어쩌다 한 번이 아니라 지속적으로, 강렬하고도 열렬하게 자극했다. 자기 결핍과 비참함뿐 아니라 그런 자신에게 기꺼이 긍휼을 베풀려 하시는 하나님의 마음을 감각하고 그 앞에서 신음하며 자기 상태를 아뢰게 만들었다.창 32:10-11, 단 9:3-4

3. 기도는 진실하게, 감각을 가지고, 또한 **감정을 다해** 하나님께 영혼을 쏟아내는 일이다.

(1) 오, 참된 기도에 따르는 열기와 힘과 생기와 활력과 **감정**이여!

"하나님이여, 사슴이 시냇물을 찾기에 갈급함같이 내 영혼이 주를 찾기에 갈급하니이다."시 42:1 "내가 주의 법도들을 사모하였사오니."시 119:40 "내가 주의 구원을 사모하였사오며."시 119:174 "내 영혼이 여호와의 궁정을 사모하여 쇠약함이여, 내 마음과 육체가 살아 계시는 하나님께 부르짖나이다."시 84:2 "주의 규례들을 항상 사모함으로 내 마음이 상하나이다."시 119:20

오, 기도에 실린 이 강렬한 감정이여! 다니엘도 이렇게 기도했다. "주여, 들으소서. 주여, 용서하소서. 주여, 귀를 기울이시고 행하소서. 지체하지 마옵소서. 나의 하나님이여, 주 자신을 위하여 하시옵소서"단 9:19 각 음절에서 강렬한 열정이 뿜어 나온다. 야고보가 말한 열렬한 기도, 역사하는 기도란 바로 이런 것이다. 주님도 "힘쓰고 애써 더욱 간절히 기도"하셨다.눅 22:44 점점 더 많은 감정을 하나님께 꺼내 놓으시며 도움의 손길을 청하셨다.

오, 그런데 대다수 사람들의 기도는 얼마나 판이한지! 오호라! 기도의 의무를 의식조차 못하는 이들이 태반이다. 두려운 사실은 혹 기도한다 해도 진실하게, 감각을 가지고, 감정을 다해, 마음 또는 영혼을 쏟아내는 일에는 아주 문외한인 자들이 많다는 것이다. 그들은 얼마 안 되는 입술의 수고와 육신의 연습에 만족하면서 스스로 기도라고 생각하는 말을 몇 마디 중얼거린다. 그러나 사실은 기도에 감정이 실려야 전인全人으로 기도하는 것이다. 감정을 다해 기도하는 영혼은 자신의 선한 소원을 이루지 못하고 그리스도와 교통하지 못하며 위안을 얻지 못한 채 돌아서느니, 말 그대로 지쳐 쓰러지는 편을 택한다. 그래서 성도들이

복을 받지 못한 채 돌아서는 대신 목숨을 내놓고 기진하기까지 기도했던 것이다.^{시 69:3, 38:9-10, 창 32:24-26}

기도의 능력이 아닌 형식에 열광하는 자들의 마음을 지배하는 무지와 불경함과 시기심을 보면 이 점을 명백히 알 수 있다. 그들 중에는 거듭남이 무엇인지, 성자를 통해 아버지와 교통한다는 것이 무엇인지, 마음을 성화시키는 은혜의 능력을 느낀다는 것이 무엇인지 아는 자가 거의 없다. 기도를 드린다고 하면서도 여전히 저주받은 삶, 술 취하고 음란한 삶, 악의와 시기와 속임수로 가득한 가증한 삶을 살면서 하나님의 소중한 자녀들을 박해한다. 오, 그들에게 임할 두려운 심판이여! 그런 위선적인 모임과 기도로는 결코 심판을 면치 못할 것이요 피난처를 찾지 못할 것이다.

(2) 기도는 마음 또는 영혼을 **쏟아내는 일**이다. 기도에는 하나님께 마음을 열고 속을 털어놓으며 감정을 다해 요청하고 탄식하고 신음하면서 영혼을 쏟아내는 일이 포함된다. 다윗은 말한다. "주여, 나의 모든 소원이 주 앞에 있사오며 나의 탄식이 주 앞에 감추이지 아니하나이다."^{시 38:9} 또 다른 시편기자도 말한다. "내 영혼이 하나님 곧 살아 계시는 하나님을 갈망하나니 내가 어느 때에 나아가서 하나님의 얼굴을 뵈올까?……이제 이 일을 기억하고 내 마음이 상하는도다."^{시 42:2, 4} "내 마음이 상하는도다[내 마음을 쏟아내는도다, KJV]"라는 표현에 유의하라. 이것은 온힘과 목숨을 다해 기도하면서 하나님을 찾는다는 뜻이다. 또 다른 시편은 이렇게 권한다. "백성들아, 시시로 그를 의지하고

그의 앞에 마음을 토하라."^{시 62:8} 이런 기도에는 가련한 피조물을 포로생활과 노예생활에서 건져 주신다는 약속이 붙어 있다. "네가 거기서 네 하나님 여호와를 찾게 되리니 만일 마음을 다하고 뜻을 다하여 그를 찾으면 만나리라."^{신 4:29}

(3) 그뿐 아니라 기도는 **하나님께** 마음 또는 영혼을 쏟아내는 일이다. 이 또한 기도의 영이 얼마나 탁월한지 보여주는 특징이다. 기도의 대상은 크신 하나님이다. "내가 어느 때에 나아가서 하나님의 얼굴을 뵈올까?" 실제로 하나님께 기도하는 영혼은 하늘 아래 모든 것이 헛되다는 사실과 영혼의 안식과 만족은 오직 하나님 안에만 있다는 사실을 안다. "참 과부로서 외로운 자는 하나님께 소망을 두어 주야로 항상 간구와 기도를 하거니와."^{딤전 5:5} 그래서 다윗도 이렇게 말했다. "여호와여, 내가 주께 피하오니 내가 영원히 수치를 당하게 하지 마소서. 주의 의로 나를 건지시며 나를 풀어 주시며 주의 귀를 내게 기울이사 나를 구원하소서. 주는 내가 항상 피하여 숨을 바위가 되소서. 주께서 나를 구원하라 명령하셨으니 이는 주께서 **나의 반석이시요 나의 요새이심이니이다.** 나의 하나님이여, 나를 악인의 손 곧 불의한 자와 흉악한 자의 장중에서 피하게 하소서. 주 여호와여, 주는 나의 **소망이시요** 내가 어릴 때부터 **신뢰한 이시라.**"^{시 71:5}

하나님에 대해 이야기하는 자들은 많다. 그러나 바른 기도는 그 하나님을 자기 소망과 거처와 전부로 삼는 것이다. 참된 기도는 하나님 외에 그 무엇도 추구할 만한 실질적 대상으로 여기지 않는다. 이미 말했듯이 기도란 진실하게, 감각을 가지고, 감정을 다해 하는 일이다.

(4) 이처럼 기도는 진실하게, 감각을 가지고, 감정을 다해, 마음 또는 영혼을 하나님께 쏟아내는 일일 뿐 아니라 **그리스도를 통해** 나아가는 일이다. "그리스도를 통해"라는 이 요소가 반드시 더해져야 한다. 이 요소가 없으면 겉보기에 아무리 탁월하고 유창해도 과연 기도가 맞는지 의심해 보아야 한다.

그리스도는 영혼이 하나님께 나아가는 길로서^{요 14:6} 그리스도 없이는 자신이 바라는 만큼 만군의 여호와의 귀에 가닿는 기도를 할 수 없다. "너희가 내 이름으로 무엇을 구하든지 내가 행하리니……내 이름으로 무엇이든지 내게 구하면 내가 행하리라."^{요 14:13-14} 다니엘도 하나님의 백성을 위해 이 방법으로, 즉 그리스도의 이름으로 구했다. "그러하온즉 우리 하나님이여, 지금 주의 종의 기도와 간구를 들으시고 **주를 위하여** 주의 얼굴빛을 주의 황폐한 성소에 비추시옵소서."^{단 9:17} 다윗도 "여호와여, 나의 죄악이 크오니 **주의 이름으로 말미암아**―주의 그리스도를 위하여―사하소서"라고 했다.^{시 25:11}

그런데 요즘은 실제로 모든 사람이 기도할 때 그리스도의 이름을 언급하는 것은 아니며 그리스도의 이름으로 그리스도를 통해 유효하게 기도하지 않는 것이 사실이다. 그리스도를 통해 하나님께 나아가는 것은 기도에서 가장 어려운 부분이다. 자기 상태를 감각하고 진실하게 긍휼을 바라면서도 그리스도를 힘입어 하나님께 나아가지 못하는 경우가 있다. 그리스도를 힘입어 하나님께 나아가려면 무엇보다 먼저 그리스도를 알아야 한다.

"하나님께 나아가는 자는 반드시 그가 계신 것……을 믿어야 할 지니라."[히 11:6] 이처럼 그리스도를 통해 하나님께 나아가려면 그를 알 수 있는 힘을 얻어야 한다. 그래서 모세도 "원하건대 주의 길을 내게 보이사 내게 주를 알"려 달라고 구했다.[출 33:13]

그리스도는 오직 아버지만 계시해 주실 수 있다.[마 11:27] 사람이 자기를 보호하기 위해 무언가 밑에 숨듯이 죄인은 그리스도를 통해 나아감으로 주 예수의 그늘 아래 숨을 수 있다. 그래서 다윗이 그토록 자주 그리스도를 자신의 방패와 망대와 요새와 피할 바위라고 부른 것이다.[시 18:2, 27:1, 28:1] 그를 힘입어 원수를 이겼을 뿐 아니라 그를 통해 하나님 아버지의 은총을 받았기에 그렇게 부른 것이다. 하나님은 아브라함에게도 "두려워하지 말라. 나는 네 방패요"라고 하셨다.[창 15:1]

그리스도를 통해 하나님께 나아가는 자는 반드시 그를 믿어야 한다. 그리스도를 믿고 그리스도 안에서 하나님을 뵈어야 한다. 믿는 자는 하나님께로부터 나서 하나님의 아들이 된다. 그리스도와 연합함으로써 그의 지체가 된다.[요 3:5, 7, 1:12] 그리스도의 지체로서 하나님께 나아간다. 자, 이처럼 그리스도의 한 지체로서 나아가기에 하나님이 그를 그리스도의 일부로, 선택과 회심과 깨우침과 마음에 주신 성령을 통해 그리스도와 연합된 그 몸과 살과 뼈의 일부로 보아 주신다.[엡 5:30] 이제 그는 그리스도의 공로와 피와 의와 승리와 중보 안에서 하나님께 나아가 그 앞에 서며 "그의 사랑하시는 자 안에서" 받아들여진다.[엡 1:6] '이 가련한 피조물은 주 예수의 지체'라는 사실이 참작되어 하나님께 나아감을 얻는 것이다. 또한 이 연합 덕분에 성령이 그 안에 들어와 하나님 앞에 영혼을 쏟아낼 수 있게 해주신다.

4. 기도는 진실하게, 감각을 가지고, 감정을 다해, 그리스도를 통해, 또한 성령의 힘과 지원을 받아 하나님께 마음 또는 영혼을 쏟아내는 일이다.

이 요소들은 서로 긴밀히 연결되어 있어서 어느 한 가지만 빠져도 기도가 될 수 없다. 더할 나위 없이 유창한 기도라도 이 요소들이 없으면 하나님께 거부당할 수밖에 없다. 진실하게, 감각을 가지고, 감정을 다해, 마음을 하나님께 쏟아내지 않는 기도는 입술의 수고에 불과하다. 그리스도를 통해 나아가지 않는 기도는 하나님의 귓전을 울리기에 턱없이 부족하다. 그뿐 아니라 성령의 힘과 지원 없이 기도하는 것은 마치 아론의 아들들처럼 다른 불을 드리는 것과 같다.레 10:1-2 이 문제는 나중에 더 다룰 생각이다. 지금은 성령의 가르침과 지원을 받아 간구하지 않으면 "하나님의 뜻대로" 기도할 수 없다는 점만 짚고 넘어가겠다.

5. 기도는 진실하게, 감각을 가지고, 감정을 다해, 그리스도를 통해, 성령의 힘과 지원을 받아, 하나님께 마음과 영혼을 쏟아내는 일일 뿐 아니라 하나님이 약속하신 것을 구하는 일이다.마 6:6-8

하나님이 말씀하신 범위 안에 있는 기도만 참된 기도다. 성경과 무관한 간구는 신성모독이거나 기껏해야 헛된 지껄임에 불과하다. 그래서 다윗은 기도할 때 하나님의 말씀에 시선을 고정했다.

"내 영혼이 진토에 붙었사오니 주의 말씀대로 나를 살아나게 하소서." "나의 영혼이 눌림으로 말미암아 녹사오니 주의 말씀대로 나를 세우소서." "주의 종에게 하신 말씀을 기억하소서. 주께서 내게 소망을 가지게 하셨나이다." 시 119:25, 28. 49. 41, 42, 58, 65, 74, 81, 82, 107, 147, 154, 169, 170도 보라.

실제로 성령이 말씀을 떠나 그리스도인의 마음을 즉시 소생시키시고 흔드시는 경우는 없다. 성령의 방식은 항상 말씀으로, 말씀을 가지고, 말씀을 통해, 말씀을 마음에 깨우치고 열어 줌으로 주께 나아가 아뢰게 하시는 것이며, 또한 말씀에 따라 주장하고 간구하게 하시는 것이다. 주의 강력한 선지자 다니엘도 이렇게 기도했다. 성경을 읽다가 이스라엘 자손의 포로생활이 거의 끝나 감을 깨닫고 그 말씀에 따라 구했다. "나 다니엘이 책[예레미야의 글]을 통해 여호와께서 말씀으로 선지자 예레미야에게 알려 주신 그 연수를 깨달았나니 곧 예루살렘의 황폐함이 70년 만에 그치리라 하신 것이니라. 내가 금식하며 베옷을 입고 재를 덮어쓰고 주 하나님께 기도하며 간구하기를 결심하고." 단 9:2-3

성령은 하나님의 뜻에 따라 기도하게 하시는 영혼의 통치자요 조력자로서 하나님의 말씀과 약속으로, 그 말씀과 약속에 따라 인도하신다. 우리 주 예수 그리스도가 자신의 목숨이 경각에 달린 순간에도 움직이지 않으신 이유가 여기 있다. "너는 내가 내 아버지께 구하여 지금 열두 군단 더 되는 천사를 보내시게 할 수 없는 줄로 아느냐. 내가 만일 그렇게 하면 이런 일이 있으리라 한 성경이 어떻게 이루어지겠느냐." 마 26:53-54 '성경에 한마디

라도 그런 말이 있다면 즉시 천사들의 도움을 받아 원수의 손에서 벗어나겠지만, 성경은 달리 말하기에 그렇게 기도하는 것은 옳지 않다'는 것이다.

말씀과 약속에 따라 기도한다는 것은 바로 이런 것이다. 성령은 기도의 내용뿐 아니라 방식 또한 반드시 말씀으로 지도하신다. "내가 영[성령]으로 기도하고 또 마음[지각]으로 기도하며." 말씀이 없으면 지각도 없다. 주의 말씀을 거부하는데 "무슨 지혜가 있으랴?"렘 8:9

6. 기도는 교회의 유익을 위해 구하는 일이다.

하나님의 명예와 그리스도의 전진과 그 백성의 유익을 위한 것이라면 무엇이든 여기에 포함된다. 하나님과 그리스도와 백성은 아주 밀접히 연결되어 있기에, 한 대상의 유익을 위한 기도는 필히 다른 두 대상을 위한 기도가 된다. 그리스도가 아버지 안에 계신 것같이 성도는 그리스도 안에 있다. 성도를 건드리는 자는 곧 하나님의 눈동자를 건드리는 것이다. 그러므로 예루살렘을 위해 평안을 구하는 기도는 성도가 구해야 할 모든 것을 구하는 기도다.시 122:6 예루살렘이 하늘에 세워지기 전까지 완전한 평안은 결코 오지 않는다. 예루살렘을 하늘에 세우시는 것이야말로 그리스도가 가장 소원하시는 일이다. 하나님은 그리스도를 통해 하늘을 예루살렘의 처소로 주셨다. 시온 또는 교회의 평안과 유익을 위해 기도하는 자는 그리스도가 피로 사신 대상, 아버지가 그 값으로 아들에게 주신 대상을 위해 구하는 것이다.

이를 위해 기도하는 자는 하나님이 교회에 풍성한 은혜를 베풀시고 모든 시험을 이기도록 도와주시길 구해야 한다. 감당하기 힘든 일은 허락지 않으시길, 모든 것이 합력하여 선을 이루게 해주시길, 이 어그러지고 거스르는 세대 가운데서 하나님의 아들들 곧 자녀들을 흠이 없고 순전하게 지켜 주심으로 친히 영광을 받으시길 구해야 한다.

그리스도가 요한복음 17장에서 구하신 바도 이것이다. 바울의 한 기도에 탁월하게 나타나듯이 그의 모든 기도를 관통하는 내용 또한 동일하다. "내가 기도하노라. 너희 사랑을 지식과 모든 총명으로 점점 더 풍성하게 하사 너희로 지극히 선한 것을 분별하며 또 진실하여 허물없이 그리스도의 날까지 이르고 예수 그리스도로 말미암아 의의 열매가 가득하여 하나님의 영광과 찬송이 되기를 원하노라." 빌 1:9-11 보다시피 짧은 기도지만 처음부터 끝까지 교회를 위한 선한 소원들로 가득하다. 사도는 교회가 계속 든든히 서 있길, 가장 훌륭한 영혼의 상태를 유지하길, 어떤 시험과 박해 속에서도 흠과 허물 없이 진실하게 그리스도 예수의 날까지 이르길 구한다. 엡 1:16-21, 3:14-19, 골 1:9-13

7. 앞서 말한 대로 기도란 하나님의 뜻에 복종하여 그리스도가 가르쳐 주신 대로 "뜻이 이루어지이다"라고 말하는 것이다. 마 6:10

그러므로 주의 백성은 모든 겸손으로 자기 자신과 자기 기도와 자기가 가진 모든 것을 하나님의 발 앞에 내려놓고, 하늘의 지혜로 보시기에 가장 선한 방식으로 처분하시도록 맡겨야 한다. 백성에게 가장 유익하고 하나님께 가장 영광이 되는 방식으로 자기 소원에 응답하실 것을 확신해야 한다. 성도가 하나님의 뜻에 복종하여 기도한다는 것은 이처럼 자신을 향한 하나님의 사랑과 인자에 아무 의심이나 의문을 품지 않는다는 뜻이다.

그러나 성도가 항상 그렇게 지혜로운 것은 아니다. 사탄에게 속아 하나님께 영광이 되지 않고 백성에게 유익도 되지 않는 것을 구하려는 시험에 빠지기도 한다. "그를 향하여 우리가 가진 바 담대함이 이것이니 그의 뜻대로 무엇을 구하면 들으심이라. 우리가 무엇이든지 구하는 바를―은혜와 간구의 영이신 성령 안에서 구하는 것을―들으시는 줄을 안즉 우리가 그에게 구한 그것을 얻은 줄을 또한 아느니라." ^{요일 5:14-15} 이미 말했듯이 성령 안에서 성령을 통해 드리지 않는 간구는 하나님의 뜻에서 벗어난 것이기에 응답받지 못한다.

오직 성령만 하나님의 뜻을 아시며 당연히 그 뜻에 따라 기도하는 방식 또한 아신다. "사람의 일을 사람의 속에 있는 영 외에 누가 알리요 이와 같이 하나님의 일도 하나님의 영 외에는 아무도 알지 못하느니라." ^{고전 2:11} 이 문제는 나중에 더 다루도록 하겠다.

chapter 02

영으로 기도한다는 것은 무엇인가?

"내가 영[성령]으로 기도하고." 영으로 기도하는 것―하나님이 받으시는 기도를 하는 것―은 앞서 말한 대로 진실하게, 감각을 가지고, 감정을 다해, 그리스도를 통해 나아가는 자의 특징으로서 하나님의 영이 역사하셔야만 진실하게, 감각을 가지고, 감정을 다해 나아갈 수 있다.

성령의 지원 없이 기도하며 하나님께 나아갈 수 있는 사람이나 교회는 세상에 없다. "그로 말미암아 우리 둘이 한 성령 안에서 아버지께 나아감을 얻게 하려 하심이라."^{엡 2:18} 그래서 바울도 "이와 같이 성령도 우리의 연약함을 도우시나니 우리는 마땅히 기도할 바를 알지 못하나 오직 성령이 말할 수 없는 탄식으로 우리를 위하여 친히 간구하시느니라. 마음을 살피시는 이가 성령의 생각을 아시나니 이는 성령이 하나님의 뜻대로 성도를 위하여 간구하심이니라"고 말하는 것이다.롬 8:26-27 성경은 기도의 영과 기도의 영 없이 기도할 수 없는 인간의 무능함을 온전히 보여주기에 이에 대해 몇 마디 하고자 한다.

여기 나오는 "우리"에는 이 말을 하는 바울 자신을 비롯하여 모든 사도가 포함된다는 점을 먼저 생각하라. 사도인 "우리", 비범한 직분을 맡은 "우리", 지혜로운 건축자들, 낙원에 이끌려 가기도 한 인물이 마땅히 기도할 바를 알지 못한다는 것이다.롬 15:16, 고전 3:10, 고후 12:4 교황이나 교만한 로마교회 고위 성직자들이 바울과 그의 동료들에 필적할 만큼 하나님을 위해 일했다고 인정할 자, 『공동기도서』의 첫 작성자들이 은혜로 보나 은사로 보나 사도들에게 전혀 뒤지지 않는다고 인정할 자는 아무도 없는 것이 확실하다.

"우리는 마땅히 기도할 바를 알지 못하나." 우리는 기도할 내용도 모르고 대상도 모르고 통로도 모른다. 하나도 모르기에 성령의 도움과 지원이 필요하다. 그리스도를 통해 하나님과 교통하게 되길 기도할 것인가? 믿음을 주시길, 은혜로 의롭다 해주시길, 진정 거룩한 마음을 주시길 기도할 것인가? 우리는 이러한 영적인 일들에 대해 아는 바가 하나도 없다.사 29:11 "사람의 일을 사람의 속에 있는 영 외에 누가 알리요. 이와 같이 하나님의 일도 하나님의 영 외에는 아무도 알지 못하느니라."고전 2:11 그런데 어쩌랴! 사도들은 세상이 모르는 내적이고 영적인 일들을 마땅히 구해야 한다고 말한다.

성령의 도움 없이 우리는 무엇을 기도해야 할지 모를 뿐 아니라 어떻게 기도해야 할지도 모른다. 그래서 사도가 "우리는 마땅히 기도할 바를 알지 못하나" 성령이 말할 수 없는 탄식과 신음으로 우리 연약함을 도와주신다는 말을 덧붙인 것이다. 사도들이 기도의 의무를 요즘 사람들의 생각처럼 아주 성공적으로, 아주 잘 수행할 수 있었던 것은 아니라는 점에 유의하라. 그렇다. 사도들은 성령의 지원을 받아 최상의 상태에서 기도할 때조차 자신들의 마음을 다 표현하지 못해 말할 수 없는 탄식과 신음을 토해야 했다.

"우리는 마땅히 기도할 바를 알지 못하나." "마땅히 기도할 바"라는 이 말에 주목하라. 이 말을 생각지 않거나 이 말에 담긴 영과 진리를 조금도 이해하지 못하는 탓에 여로보암처럼 하나님의 말씀에 계시된 내용 및 방식과 다른 예배를 고안해 내는 자들이 있다.^{왕상 12:22-33} 바울은 "마땅히 기도할 바"를 구하라고 하는데, 인간이나 천사의 기술과 기교와 솜씨와 장치를 다 동원해도 그럴 수가 없다. "우리는 마땅히 기도할 바를 알지 못하나 오직 성령이……." 그렇다. "오직 성령이" 우리 연약함을 도와주셔야만 한다. 성령과 인간의 정욕은 뒤섞일 수 없다. 인간이 자기 머리로 상상하고 고안해 낸 기도를 하는 것과 명령받은 대로 "마땅히 기도할 바"를 구하는 것은 완전히 다른 일이다.

많은 사람이 구하여도 받지 못하는 것은 잘못 구하는 탓이다.^{약 4:3} 잘못 구하기에 구한 바를 받아 누리는 자리까지 나아가지 못하는 것이다. 임의로 드리는 기도는 하나님의 응답을 받지 못한다. 하나님은 기도하는 내내 마음을 살피시며 그 기도가 어떤 뿌리와 영에서 나오는지 보신다.요일 5:14 "마음을 살피시는 이가 성령의 생각을 아시나니—성령의 의도만 인정하시나니—이는 성령이 하나님의 뜻대로 성도를 위하여 간구하심이니라." 하나님은 이처럼 자신의 뜻에 따른 기도만 들으시고 다른 기도는 듣지 않으신다. 그런데 이런 기도는 오직 성령만 가르쳐 주실 수 있다. 그는 모든 것을 통달하시며 하나님의 깊은 것까지 통달하신다.고전 2:10 연약한 우리는 절대 그럴 수 없기에 『공동기도서』가 천 권 있다 해도 성령 없이는 "마땅히 기도할 바"를 구한다는 것이 무엇인지 알 수 없다. 우리에게 어떤 연약함이 있는지 일일이 말하기는 어렵지만, 몇 가지만 밝히면 다음과 같다.

1. 인간은 심히 연약해서 다른 온갖 수단이 있어도 성령이 없으면 하나님과 그리스도와 그의 복된 일들과 관련하여 구원에 이르는 바른 생각을 하나도 할 수 없다.

그래서 시편기자가 악인은 "모든 사상에 하나님이 없다"라고 한 것이다.시 10:4 설령 하나님이 있다 여기더라도 자신들과 완전히 똑같은 모습으로 상상한다.시 50:21 "그의 마음으로 생각하는 모든 계획[상상]"은 항상 악하다.창 6:5, 8:21 이미 말했듯이 기도의 대상이신 하나님과 기도의 통로이신 그리스도와 기도할 내용에 대해 올바른 생각을 할 수 없는데, 어떻게 이런 연약함을 도우시는 성령 없이 감히 하나님께 입을 열 수 있겠는가?

성령은 가련한 영혼들에게 이런 영적인 일들을 계시해 주신다. 그래서 그리스도가 제자들에게 보혜사 성령을 보내 줄 것을 약속하시며 "그가……내 것을 가지고 너희에게 알리시리라"고 말씀하신 것이다.^{요 16:14} 마치 '너희는 천성적으로 어둡고 무지해서 내 것을 하나도 이해하지 못함을 안다. 이런저런 강좌를 들어도 너희 무지는 사라지지 않을 것이다. 너희 마음에 덮인 수건을 벗기고 영적인 지각을 주실 수 있는 분은 오직 성령뿐이다'라고 하시는 것 같다.

바르게 기도하려면 내적인 의도뿐 아니라 외적인 표현도 성령의 빛으로 깨달은 영혼의 지식에서 나와야 한다. 그렇지 않으면 헛되고 가증한 기도가 된다. 성령이 우리 연약함을 돕지 않으시면 마음과 혀가 같이 움직이지 않으며 사실상 같이 움직일 수도 없기 때문이다.^{막 7:6, 잠 28:9, 사 29:13} 이를 잘 알았던 다윗은 "주여, 내 입술을 열어 주소서. 내 입이 주를 찬송하여 전파하리이다"라고 외쳤다.^{시 51:15} 그가 했던 말과 일들에 분명히 나타나듯이 그도 남들만큼, 아니 우리 세대 어느 누구 못지않게 자기를 잘 표현하고 말할 수 있었을 것이다. 그런데도 이 훌륭한 인물, 이 선지자는 하나님을 예배할 때 주의 도움이 필요했고 그 도움 없이는 아무것도 할 수 없었다. "주여, 내 입술을 열어 주소서.─그래야만─내 입이 주를 찬송하여 전파하리이다." 그는 성령이 주시는 말 외에 한마디도 바른 말을 할 수 없었다. 우리는 "마땅히 기도할 바"를 알지 못한다. 오직 성령만 이런 연약함을 도와주신다.

2. 성령으로 드리는 기도만 효과가 있다.

성령이 없는 인간은 무감각하여 위선적이고 냉랭하며 흉한 기도를 하기 때문이다. 하나님은 그런 자와 그런 자의 기도를 다 가증히 여기신다.마 23:14, 막 12:40, 눅 18:11-12, 사 58:2-3 성령 없이 기도하면 아무리 기도하는 음성이 훌륭하고 감정이 그럴듯하며 간절해도 하나님의 주목을 끌지 못한다. 온갖 악으로 가득한 인간은 자기 말이나 생각을 지킬 수 없으며, 그리스도를 통해 하나님이 받으실 만한 말을 하거나 정결한 기도의 말을 하기란 더더욱 불가능하다. 그래서 바리새인들의 기도도 거부당했던 것이다. 그들은 말로 자기를 표현하는 능력이 뛰어났던 것이 분명하다. 그러나 예수 그리스도가 보내 주시는 성령의 도움을 받지 못했기에 자기 연약함 내지 약점을 그대로 가지고 기도했고, 따라서 성령의 힘을 통해 진실하게, 감각을 가지고, 감정을 다해, 영혼을 하나님께 쏟아내지 못했다. 기도가 하늘에 닿으려면 성령의 힘으로 올라가야 한다.

3. 오직 성령만 인간이 타고난 비참함을 선명히 보여주심으로써 기도의 자세를 갖추게 하신다.

말은 단지 말에 불과하다. 자기 비참함을 감각하지 못할 때, 말에 익숙한 우리는 입으로만 예배하게 되며 실제로도 그렇게 예배하고 있다. 오, 대다수 사람들의 마음속에 있는 위선, 오늘날 기도의 인물로 추앙받는 허다한 자들에게 나타나는 저주받을 위선과 자기 비참함을 느끼지 못하는 전적인 무감각이여! 성령이 역사하시면 자기 영혼의 비참함을 보게 된다. 성령은 그의 영혼이 지금 어떤 위치에 있는지, 장차 어찌될 것인지, 그 상태가 얼마나 견디기 힘든 것인지 다정하게 보여주신다. 이처럼 주 예수를 떠나 죄와 비참함을 효과적으로 영혼에 납득시키심으로써 감미롭고 진실하게, 감각을 가지고, 감정을 다해, 하나님의 말씀에 따라 기도하게 하신다.요 16:7-9

4. 자기 죄를 깨달아도 성령의 도움이 없으면 기도하지 못한다.

가인과 유다처럼 긍휼 얻길 완전히 포기한 채 하나님을 피해 도망쳐 버린다. 실제로 자기 죄와 하나님의 저주를 감각하는 자를 설득해서 기도하게 하기란 어렵다. 그런 자는 자신에게 소망이 없다고, 하나님을 찾아 봐야 소용이 없다고 생각하기 때문이다.렘 2:25, 18:12 자기처럼 악하고 비참하고 저주받은 피조물을 절대 주목하실 리가 없다는 것이다! 그런데 바로 그 자리에 성령이 찾아오셔서 그를 멈춰 세우고 긍휼을 살짝 감각하게 함으로써 하나님께 나아가도록 격려하시고 고개를 들어 하나님을 바라보도록 도와주신다. 그래서 그를 "보혜사"라고 칭하는 것이다.요 14:16

5. 기도는 성령 안에서 성령으로 드려야 한다.

성령 없이는 아무도 하나님께 나아가는 바른 길을 알 수 없기 때문이다. 하나님의 아들 안에서 나아가면 된다고 쉽게 말할 수 있지만, 성령 없이 하나님의 방식으로 올바르게 나아가는 것보다 어려운 일은 없다. 성령은 "모든 것 곧 하나님의 깊은 것까지도 통달하"신다.고전 2:10 그가 하나님께 나아가는 길을 보여주실 뿐 아니라 하나님 안에 있는 무엇이 있는지 보여주심으로 그것을 소원하게 해주셔야 한다. 그래서 모세도 "원하건대 주의 길을 내게 보이사 내게 주를 알"려 달라고 구한 것이다. "내 것을 가지고 너희에게 알"려 주시는 분은 다름 아닌 성령이시다.요 16:14

6. 자기 비참함을 깨닫고 하나님께 나아가는 길을 알았다 해도, 성령 없이는 결코 하나님의 승인 아래 그와 그리스도 안에 있는 분깃이나 긍휼을 주장할 수 없다.

오, 죄와 하나님의 진노를 감각하게 된 가련한 영혼이 믿음으로 "아버지여!"라는 이 한마디를 외치는 것이 얼마나 엄청난 일인지! 위선적인 자들이야 어찌 생각하든 그리스도인은 이 일이 참으로 어렵다는 것을 안다. 선뜻 아버지라고 부르지 못한다. "오! 나는 감히 하나님을 아버지라고 부르지 못하겠다"라고 한다.

이렇게 부르려면, 하나님 백성이 "아빠, 아버지!"라고 부르려면, 반드시 그 마음속에 성령이 찾아오셔야만 한다. 이것은 성령이 찾아와 지식과 믿음을 주셔야만 할 수 있는 너무나도 엄청난 일이다.갈 4:6 여기서 지식을 주신다는 것은 하나님의 자녀가 되는 일과 거듭남이 무엇인지 알려 주신다는 뜻이다. 또한 믿음을 주신다는 것은 자기 속에 은혜의 역사가 일어난 것을 기쁘게 경험함으로 믿게 해주신다는 뜻이다. 그럴 때 하나님 아버지를 올바로 부르게 된다. 많은 이들처럼 기도서에 실린 이른바 주기도문을 웅얼거리며 외우는 데 그치지 않는다. 그렇다. 기도의 생명이 여기 있다. 성령 안에서 성령으로 자기 죄를 감각한 자가 주께 긍휼을 구할 방법을 알고 성령이 주시는 힘으로 나아가 "아버지여!"라고 외치는 데 있다. 이 한마디 믿음의 말이 형식적이고 냉랭하며 미지근하게 쓰고 읽는 이른바 천 가지 기도문을 능가한다.

오, 이를 모르면서도 자신과 자녀들이 주기도문과 신경信經과 다른 격언들을 배우는 데 만족하는 자들이여! 하나님이 아시듯이 이들은 자기 자신이나 자기 비참함이나 그리스도를 통해 하나님께 나아가는 일에 무감각하다! 아, 가련한 영혼이여! 너무나도 쉽게 하나님을 아버지라고 부르며 자녀들에게도 그렇게 가르치기 전에 자기 비참함부터 살펴보라. 혼란에 빠진 자신의 맹목과 무지를 보여달라고 하나님께 부르짖으라. 자기 영혼에 은혜의 역사가 일어난 증거가 없는데도 하나님을 아버지라고 부르는 것은 유대인 아닌 자가 유대인이라고 거짓말하는 것과 같음을 알라. 그런 자가 "우리 아버지여"라고 부를 때 하나님은 "모독이다!"라고 하신다. 유대인이 아니면서 유대인—참 그리스도인—이라고 할 때 하나님은 "거짓말이다!"라고 하신다. "보라, 사탄의 회당 곧 자칭 유대인이라 하나 그렇지 아니하고 거짓말하는 자들 중에서……."계 3:9 "자칭 유대인이라 하는 자들의 비방[모독]도 알거니와 실상은 유대인이 아니요 사탄의 회당이라."계 2:9

요한복음 8장에 나오는 유대인들이 자신들의 모든 위선적 가식에 따라올 운명을 알려 주신—그것도 명확한 말로 알려 주신—그리스도를 모독했듯이[41-47절] 큰 죄를 짓는 죄인일수록 더 거룩한 척하는 법이다. 분명히 말하건대 저주받은 모든 음행하는 자, 도둑질하는 자, 술 취하는 자, 거짓맹세 하는 자, 거짓증언하는 자, 이런 짓을 전에도 했고 지금도 하는 자, 그런데도 순전히 신성모독적인 목구멍과 위선적인 마음 때문에 최고 정직한 사람처럼 인정받는 자들이 교회에 나와 "우리 아버지여!"라고 한다. 그뿐만이 아니다. 매번 하나님을 "우리 아버지여!"라고 부르는 가장 가증스러운 신성모독을 자행하면서도 꼭 그렇게 기도해야만 하는 줄로 안다. 그리고 자신들보다 건전한 원칙을 가진 이들은 이런 헛된 전통의 진정성을 의심한다는 이유 때문에 하나님과 국가의 최고 원수로 치부한다. 오히려 이 저주받은 미신을 고수하는 자신들이 하나님의 대적이요 원수인데도 말이다.사63:10 그렇다. 더할 나위 없이 악하고 비참한 자라도 자신들의 전통에 가까우면 훌륭한 교인이자 정직한 국민으로 칭찬하고, 언제나 그렇듯이 하나님 백성은 사납고 불온하고 당파적인 자들로 치부해 버린다.스4:12-16

그러니 가련하고 눈멀고 무지하고 어리석은 당신을 설득할 기회를 잠시 내게 허락하라.

당신은 주로 주기도문을 외우며 기도할지 모른다. 그런데 과연 "하늘에 계신 우리 아버지여"라는 첫 구절의 의미를 알고 기도하는가? 정말 다른 성도들처럼 "우리 아버지여!"라고 부를 수 있는가? 진정 거듭났는가? 양자의 영을 받았는가? 자신이 그리스도 안에 있음을 알고 그리스도의 한 지체로서 하나님께 나아갈 수 있는가? 이런 일들에 대해 모르면서도 감히 하나님을 "우리 아버지여!"라고 부르는 것은 아닌가? 오히려 마귀가 당신의 아비는 아닌가?요8:44 지금도 "육체의 일"을 하고 있는 것은 아닌가?^{갈 5:19-21} 그러면서도 감히 하나님을 "우리 아버지여!"라고 부르는 것은 아닌가? 더 나아가 하나님의 자녀들을 결사적으로 박해하는 것은 아닌가? 수차례 마음으로 저주한 것은 아닌가? 그러면서도 신성모독적인 목구멍 밖으로 이런 기도의 말을 내보내고 심지어 "우리 아버지여!"라고 부르는 것은 아닌가? 그는 당신이 미워하고 박해하는 자들의 아버지시다. 그런데도 마귀가 감히 하나님의 아들들 사이에 나섰던 것처럼^{욥 1:6-7} 지금도 아버지 앞에—심지어 "우리 아버지여!"라고 부르면서—나서는 자들이 있다. 성도들에게 "우리 아버지여!"라고 부르라 하신 것인데 세상의 모든 눈멀고 무지한 패거리까지 그래야 하는 줄 아는 것이다.

당신은 정말 하나님의 "이름이 거룩히 여김을 받으시"길 구하는가? 아주 정직하고 적법하게 그의 이름과 거룩하심과 위엄을 높일 방법을 연구하는가? 당신의 마음과 대화는 이 간구에 일치하는가? 그리스도를 본받아 하나님이 명하시고 촉구하시는 모든 의의 일을 하고자 애를 쓰는가? 진정 하나님의 허락 아래 "우리 아버지여!"라고 외치는 자라면 그렇게 할 것이다. 그런데 당신은 온종일 이런 생각은 하지도 않는 것 아닌가? 그렇다면 속이는 혀로 기도하는 척했던 매일의 습관을 정죄하며 자신이 저주받은 위선자임을 분명히 밝혀야 하지 않는가?

당신은 정말 하나님 나라가 임하고 그의 뜻이 하늘에서 이루어진 것같이 땅에서도 이루어지길 바라는가? 아무리 형식적으로라도 "나라가 임하옵시며"라고 기도했다면 나팔 소리가 들릴 때 미친 듯이 달려 나갈 준비를 해야 마땅하지 않은가? 죽은 자들이 일어나는 광경을 목도할 준비, 그 즉시 하나님 앞에 나아가 자기 몸으로 행한 모든 일을 보고할 준비를 해야 마땅하지 않은가? 그런데 이런 생각만 해도 아주 불쾌해지는 것은 아닌가? 하나님의 뜻이 하늘에서 이루어진 것같이 땅에서도 이루어지면 당신은 반드시 망해야 하는 것 아닌가? 하늘에는 반역자가 하나도 없으니 땅도 그렇게 만드시면 당신은 분명 지옥으로 떨어져야 하는 것 아닌가?

주기도문의 나머지 간구들도 마찬가지다. 아! 자신이 가장 거룩한 척할 때조차 어떤 거짓말과 신성모독적인 말들을 입 밖에 냈는지 안다면 엄청난 공포에 사로잡혀 슬픈 얼굴로 세상을 서성이게 되지 않을까? 주께서 가련한 영혼들을 일깨워 주시고 가르쳐 주시길, 완전히 겸비해져서 마음을 삼가며 입은 더더욱 삼가서 급하고 경솔하게 말하지 않게 해주시길! 지혜자의 말처럼 하나님 앞에 설 때는 "함부로 입을 열지 말며 급한 마음으로 말을 내지 말"아야 한다.[전 5:2] 복된 경험이 없다면 더더욱 하나님을 아버지라고 부르며 나아가서는 안 된다.

7. 자기 기도가 열납되길 바란다면 성령으로 기도해야 한다.

오직 성령만 기도하는 영혼 또는 마음을 들어올려 하나님을 향하게 하실 수 있기 때문이다. "사람 속에 있는 마음의 준비와 말의 응답은 여호와께로부터 나느니라."[잠 16:1, KJV] 하나님을 위해 일할 때, 특히 기도할 때 마음과 혀가 같이 움직이려면 하나님의 영이 준비시켜 주셔야 한다. 실제로 아무 경외감이나 지혜 없이 혀만 움직이기가 아주 쉽다. 말에 "응답"하는 마음이 있어야, 하나님의 영이 마음을 준비시켜 주셔야, 비로소 하나님이 명하고 바라시는 기도를 하게 된다.

성령이 들어올려 주신 마음과 영혼으로 하나님께 구하는 다윗의 말은 강력하다.시 25:1 기도는 성령의 힘 없이 아무도 할 수 없는 큰 일로서, 하나님의 영을 "간구하는 심령"이라고 부르는 중대한 이유 중 하나가 여기 있다고 생각한다.슥 12:10 마음을 도와 실제로 간구할 수 있게 해주는 분이 바로 성령이시기 때문이다. 그래서 바울도 "모든 기도와 간구를 하되 항상 성령 안에서 기도"한다고 했다.엡 6:18 그는 여기 본문에서도 "내가 영[성령]으로 기도"한다고 말한다. 마음이 실리지 않은 기도는 생명이 없는 소리와 같다. 성령이 마음을 들어올려 주지 않으시면 절대 하나님께 기도하지 못한다.

8. 성령이 마음을 들어올려 주셔야 올바로 기도할 수 있듯이 성령이 마음을 떠받쳐 주셔야 계속 올바로 기도할 수 있다.

하나님의 영이 다른 이들의 마음을 어떻게 들어올려 주시고 지속시켜 주시는지는 모르겠다. 그러나 내가 확실히 아는 첫 번째 사실은, 사람이 세상에서 지어 낸 온갖 기도서들은 마음을 들어올려 주거나 준비시켜 주지 못한다는 것이다. 이것은 크신 하나

• "마음의 경영은 사람에게 있어도 말의 응답은 여호와께로부터 나오느니라", 개역개정.

님이 친히 해주시는 일이다. 그리고 내가 확실히 아는 두 번째 사실은, 설령 마음이 들어올려졌다 해도 기도서들은 그 마음을 유지시켜 주지 못한다는 것이다. 그런데 실제로 기도의 생명은 여기 있다. 기도의 의무를 다하는 내내 그 마음이 하나님과 함께하는 데 있다. 모세의 큰 숙제는 기도하는 내내 하나님을 향해 두 손을 드는 것이었다.[출 17:12] 그런데 그보다 훨씬 더 중대한 숙제가 바로 기도하는 내내 마음을 지키는 것이다!

그렇지 못할 때 하나님은 개탄하신다. 입으로는 하나님을 가까이하며 입술로는 하나님을 아는 것처럼 말하지만 마음은 멀다고 하신다.[사 29:13, 겔 33:31] 마태복음 15:8-9이 증언하듯이 그런 자들은 주로 사람의 계명과 전통을 따른다. 나도 경험해 보았지만, 가련하고 눈멀고 육신적인 자들은 하나님께 마땅한 기도를 드리기가 어렵다고 고백하는 사람을 이상하게 쳐다본다. 그런데 나는 하나님께 기도하러 나아가기 싫은 마음, 하나님과 함께 있을 때도 계속 그 앞에 머물기가 싫은 마음 때문에 무엇보다 먼저 내 마음을 취하여 그리스도 안에서 하나님께 고정시켜 주시길, 그 앞에서 떠나지 않도록 지켜 주시길 간청할 때가 많다. 그뿐 아니라 너무 눈멀어 무엇을 기도할지 모르고 너무 무지하여 어떻게 기도할지 모를 때도 많다. 오직 성령만 우리의 이런 연약함을 도와주신다. 그 은혜를 송축하라.[시 86:11]

오, 기도 시간에 마음이 새어 나가는 구멍들이여! 하나님 앞에서 빠져나갈 샛길과 뒷골목들이 얼마나 많은지 모른다. 기회만 있으면 교만을 드러내는 경우가 얼마나 많은지! 남들 앞에서 위선적이 되는 경우는 또 얼마나 많은지! 그런데 간구하는 영의 도움을 받아 하나님과 영혼 사이에 은밀한 기도가 이루어지고 양심이 깨어나는 경우는 얼마나 드문지! 성령이 마음속에 찾아오셔야 실제로 기도가 시작된다. 그전까지는 시작되지 않는다.

9. 바르게 기도하는 영혼은 반드시 성령의 힘과 도움을 받아 그 안에서 기도한다.

도움 없이는 도저히 자기를 표현할 수가 없기 때문이다. 이 말은 성령의 지원을 받아야만 진실하게, 감정을 다해, 참된 기도의 마음에서 흘러나오는 신음과 탄식으로 자기 마음을 하나님께 쏟아낼 수 있다는 뜻이다. 기도에서 가장 중요한 것은 입이 아니라 마음—자기 느낌과 소원을 말로 다 옮길 수 없을 만큼 강렬한 감정과 간절함으로 가득한 마음—이다. 그럴 때 사람은 진실로 소원하게 된다. 마음에서 솟아나는 말과 눈물과 신음을 도저히 입 밖으로 낼 수가 없을 만큼 그 소원은 세고도 많고도 강렬하다. "이와 같이 성령도 우리의 연약함을 도우시나니……오직 성령이 말할 수 없는 탄식으로—또한 신음으로—우리를 위하여 친히 간구하시느니라." 롬 8:26

이것은 외마디 소리밖에 내지 못하는 가련한 기도다. 참으로 기도하는 자는 하나님을 향한 형언할 수 없는 소원과 느낌과 감정과 갈망을 입이나 펜으로 다 표현해 내지 못한다. 최고의 기도는 말보다 신음으로 이루어질 때가 많다. 말은 기도자의 마음과 삶과 영을 빈약하고 얄팍하게 대변할 뿐이다. 애굽에서 나온 모세가 바로의 추격을 당했을 때 기도한 말들은 하나도 기록되어 있지 않지만 그의 부르짖음은 하늘의 반향을 불러왔다.^{출 14:15} 그것은 표현할 수도 없고 헤아릴 수도 없는, 성령 안에서 성령으로 토해 낸 영혼의 신음이자 부르짖음이었다. 하나님은 "모든 육체의 생명[영]의 하나님"으로서, 그의 눈은 의무를 수행하는 외양의 안쪽 깊숙한 곳을 향한다.^{민 16:22} 그러나 세상에서 기도의 사람으로 추앙받는 대다수는 이런 생각을 거의 하지 않는다.^{삼상 16:7}

하나님이 그 뜻에 따라 명하시는 일은 무엇이든 가까이 다가갈수록 힘들고 어렵다. 인간은 인간이기에 그런 일을 할 수가 없는 탓이다. 그런데 앞서 말한 대로 기도는 단순한 의무가 아니라 가장 뛰어난 의무 중 하나이기에 훨씬 더 어렵다. "내가 영으로 기도하고"라고 말했을 때 바울은 그 의미를 알고 있었다. 남들이 쓰거나 말하는 기도문으로는 기도의 사람이 될 수 없다는 것, 오직 성령만 기도의 사람을 만드신다는 것을 잘 알고 있었다.

10. 성령 없이는 기도의 행위 자체를 시작할 수 없을 뿐 아니라 기도를 계속할 힘도 없고 계속하지도 못하기에 반드시 성령으로 기도해야 한다.

기도는 영혼이 영광의 이편에 있는 한 계속 지켜야 할 하나님의 규례다. 그러나 이미 말한 대로 사람이 스스로 마음을 일으켜 세워 하나님께 기도하기란 불가능하며, 성령의 지원 없이 마음을 유지하는 것 또한 그에 못지않게 어렵다. 그러므로 계속해서 때에 따라 기도하려면 반드시 성령으로 기도해야 한다.

그리스도는 항상 기도하고 낙심하지 말라고 하셨다.[눅 18:1] 계속 기도하지 않거나 계속 기도하더라도 능력으로—기도의 영으로—하지 않고 가식적으로 형식만 갖추는 것을 위선으로 규정하셨다.[욥 27:10, 눅 23:14] 능력에서 형식으로 추락하기는 무엇보다 쉽지만, 한 의무—특히 기도—의 생명과 영과 능력을 계속 지켜 나가기란 무엇보다 어렵다. 기도는 성령의 도움 없이 단 한 차례도 할 수 없는 일이요, 감미로운 기도의 마음으로 만군의 주의 귀에 가닿기까지 계속해 나가기란 더더욱 불가능한 일이다. 야곱은 시작만 한 것이 아니라 끝까지 버텼다. "당신이 내게 축복하지 아니하면 가게 하지 아니하겠나이다."[창 32:26] 경건한 남은 자들도 그렇게 했다.[호 12:4] 그런데 기도의 영 없이는 그럴 수가 없다. 반드시 성령을 통해 아버지께 나아가야 한다.[엡 2:18]

유다서에는 하나님이 악인들을 심판하시리라 말하며 성도들이 굳게 서서 복음 신앙을 고수하도록 북돋는 특별한 본문이 나온다. 유다는 그럴 수 있는 뛰어나고도 유일한 방법을 알고 있었다. "너희는 너희의 지극히 거룩한 믿음 위에 자신을 세우며 성령으로 기도하며."[20절] 마치 '형제들아, 다른 사람이 아닌 끝까지 버티는 자들을 위해 영생이 준비되어 있다. 그런데 성령 안에서 계속 기도하지 않으면 끝까지 버틸 수가 없다'라고 하는 것 같다. 마귀와 적그리스도가 세상을 미혹하기 위해 사용하는 큰 속임수는 의무의 형식, 즉 설교하고 듣고 기도하는 형식만 계속 유지시키는 것이다. 그렇게 경건의 모양은 갖추되 경건의 능력은 부인하게 만드는 것이다. "이같은 자들에게서" 돌아서라.[딤후 3:5]

chapter 03

영으로 기도하고 마음으로 기도한다는 것은 무엇인가?

사도는 영으로 기도하는 일과 마음으로 기도하는 일을 명확히 구분하기 위해 "내가 영[성령]으로 기도하고"라고 한 다음, "**또** 마음[지각]으로 기도하며"라는 말을 덧붙인다. 이런 구분이 필요했던 것은 고린도 교인들이 자신과 다른 이들의 덕을 세우기 위해 필요한 의무는 다하지 않고 스스로 칭송받으려는 일만 했기 때문이었다. 특별한 은사—예컨대 다양한 방언—를 받은 교인들이 워낙 많다 보니 형제들의 덕을 세우기보다는 강력한 은사를 더 추구했으리라는 것이 내 판단이다. 바울이 14장을 쓴 이유가 여기 있었다. 특별한 은사가 아무리 뛰어나도 교회의 덕을 세우기 위한 일보다는 못하다는 점을 일깨우고자 한 것이다. "내가 만일 방언으로 기도하면 나의 영이 기도하거니와 나의 마음은 열매를 맺지 못하리라." 또한 다른 이들의 마음도 열매를 맺지 못한다.고전 14:14, 3-4, 12, 19, 24-25 그래서 자신은 "영으로 기도하고 또 마음으로 기도"한다는 것이다.

이처럼 기도할 때는 마음과 입뿐 아니라 지각 또한 사용하는 것이 좋다. "내가 영[성령]으로 기도하고 또 마음[지각]으로 기도하며." 곧 다루겠지만, 지각을 가지고 기도해야 지각 없이 기도할 때보다 더 효과적으로, 감각을 가지고, 진심으로 기도하게 된다. 그래서 사도가 골로새 교인들을 위해 기도하면서 하나님이 "모든 신령한 지혜와 총명[지각]에 하나님의 뜻을 아는 것으로" 채워 주시길 구한 것이다.골 1:9 그는 에베소 교인들을 위해서도 "지혜와 계시의 영을 너희에게 주사 하나님을 알게 하시"길 구했고골 1:9 빌립보 교인들을 위해서도 "지식과 모든 총명으로" 풍성하게 해주시길 구했다.빌 1:9 적절한 지각은 세상 일과 영적인 일을 포함한 모든 일에 유익하다. 그러므로 기도의 사람이 되려면 누구나 지각 얻길 소원해야 한다.

이제부터 지각으로 기도한다는 것이 무엇인지 밝혀 보려고 한다. 지각이 있어야 모국어로 기도의 말을 할 수 있고 실제로도 기도할 수 있다. 이번에는 기도의 말이라는 첫째 부분은 건너뛰고 기도의 실제라는 둘째 부분만 다루어 보겠다. 누구든지 하나님께 바른 기도를 드리려면 훌륭한 지각, 영적인 지각이 있어야 한다.

1. 지각을 가지고 기도하는 자는 자기 영혼에 무엇이 결핍되었는지 알고, 성령의 지도를 받아 그것을 구한다.

죄 사함을 받고 장차 올 진노에서 건짐받는 것보다 더 절실히 필요한 일은 결코 없는데도, 이를 모르는 자는 아예 그것을 소원하지 않을 뿐 아니라 혹 소원하더라도 그런 심령 상태로 구하는 것을 오히려 하나님이 싫어하실 만큼 냉랭하고 미지근하게 구한다. 라오디게아 교회가 그랬다. 영적인 지각이 없어서 자신들이 가난한 것과 곤고한 것과 눈먼 것과 벌거벗은 것을 알지 못했다. 그래서 그 모든 섬김에도 불구하고 그리스도가 싫어하시는 교회가 되어 입에서 토해 버리겠다는 경고를 듣기에 이르렀다.계 3:16-17 지각이 없어도 똑같은 말로 기도할 수 있다. 오, 그러나 말이 아무리 똑같아도 지각이 있는 기도와 없는 기도는 엄청나게 다르다! 영적인 지각이 있는 자는 자신이 정말 소원하는 것을 구하지만 지각이 없는 자는 말로만 그렇게 구할 뿐이다.

2. 영적인 지각이 있는 자는 자기 영혼에 필요한 것을 기꺼이 주시려는 흔쾌한 마음이 하나님께 있음을 발견한다.

다윗도 이 지각이 있었기에 하나님이 자신에게 품으신 생각을 짐작할 수 있었다.시 40:5 가나안 여인도 마찬가지였다. 그리스도의 거친 태도 너머에 자신을 기꺼이 구원해 주시려는 다정한 마음이 있음을 알아보는 바른 지각과 믿음이 있었기에, 열렬하고도 간절하게 쉬지 않고 구하여 필요한 긍휼을 받아 누렸다.마 15:22-28

죄인을 기꺼이 구원해 주시려는 하나님의 마음을 아는 지각보다 더 그를 찾으며 용서를 외쳐 구하게 만드는 것은 없다. 도랑 속에 100파운드짜리 진주가 떨어져 있어도 그 가치를 모르는 자는 그냥 지나칠 것이다. 그러나 그 가치를 아는 자는 위험을 무릅쓰고서라도 도랑에 뛰어들 것이다. 하나님께 무엇이 있는지 아는 영혼도 그렇다. 일단 그 가치를 깨달은 자는 마음을 다해, 영혼의 힘을 다해 좇아가며 마침내 그것을 얻기까지 부르짖길 멈추지 않는다. 복음서에 나오는 두 맹인도 곁을 지나시던 예수께 자신들을 괴롭히는 연약함을 고쳐 주실 능력뿐 아니라 기꺼이 고쳐 주시려는 마음이 있음을 확실히 알았기에 소리질렀고, 사람들이 꾸짖을수록 더 크게 소리질렀다.마 20:29-31

3. 영적인 지각이 밝아지면 하나님께 나아가는 길이 보일 뿐 아니라 실제로 그 길로 나아갈 큰 용기가 생긴다.

지각 없이 일하면 위험이 커지고 지각을 가지고 일하면 유익이 커지듯이 가련한 영혼도 마찬가지다. 시작할 줄도 모르고 지속할 줄도 모르는 자는 용기를 잃고 두 손을 놓은 채 위험을 자초하게 된다.

4. 지각이 밝아지면 기도할 용기를 북돋아 주는 약속들이 아주 많다는 것을 알게 될 뿐 아니라 점점 더 많은 약속의 성취를 구하게 된다.

자신을 찾아오면 이런저런 것을 주겠노라 약속한 이가 있다는 것을 아는 자는 실제로 찾아가 구할 큰 용기를 낸다.

5. 지각이 밝아지면 때때로 야곱처럼 하나님께 나아가 항변하며 필요

한 논쟁을 벌이게 된다.창 32:9

말로만 간구하는 것이 아니라 성령의 강권을 받아 지각을 가지고 간구하면서 하나님의 마음을 움직이는 효과적인 논쟁을 벌이게 된다. 자신이 하나님께 얼마나 흉한 짓을 했는지 올바로 깨달은 에브라임은 탄식하기 시작한다. 그렇게 탄식하고 논쟁하면서 주의 마음을 움직여 용서를 받아 내고, 우리 주 예수 그리스도를 통해 그의 눈에 "기뻐하는 자식"이 된다. 하나님은 말씀하신다. "에브라임이 스스로 탄식함을 내가 분명히 들었노니 주께서 나를 징벌하시매 멍에에 익숙하지 못한 송아지 같은 내가 징벌을 받았나이다. 주는 나의 하나님 여호와이시니 나를 이끌어 돌이키소서. 그리하시면 내가 돌아오겠나이다. 내가 돌이킨 후에 뉘우쳤고 내가 교훈을 받은 후에―나 자신을 제대로 알게 된 후에―내 볼기를 쳤사오니 이는 어렸을 때의 치욕을 지므로 부끄럽고 욕됨이니이다 하도다." 이러한 에브라임의 개탄과 탄식을 들으신 여호와는 다음과 같이 절절한 표현을 쏟아내신다. "에브라임은 나의 사랑하는 아들, 기뻐하는 자식이 아니냐. 내가 그를 책망하여 말할 때마다 깊이 생각하노라. 그러므로 그를 위하여 내 창자가 들끓으니 내가 반드시 그를 불쌍히 여기리라. 여호와의 말씀이니라."렘 31:18-20 그렇다. 바로 이를 위해 성령으로 기도할 뿐 아니라 지각을 가지고 기도해야 하는 것이다.

비슷한 예를 들어 보겠다. 두 거지가 당신 집 문 앞에 구걸하러 왔다고 하자. 한 사람은 발도 절고 상처도 입고 거의 굶어 죽을 것처럼 불쌍해 보이는데 다른 한 사람은 건강하고 힘도 세 보인다. 둘 다 똑같은 말로 구걸을 한다. 이 사람도 배고파 죽겠다고 하고 저 사람도 배고파 죽겠다고 한다. 그런데 실제로 발을 절거나 다른 장애를 가진 불쌍한 거지가 건강한 거지보다 더 자신의 비참한 처지를 알고 느끼고 감각하며 구걸한다. 말투에 더한탄이 묻어난다. 자기 고통과 궁핍 때문에 더 절실하게 구걸한다. 그래서 조금이라도 인정이나 동정심이 있는 자라면 그를 먼저 불쌍히 여기게 된다.

하나님도 마찬가지시다. 관습이나 형식에 따라 기도하러 나아가는 자들이 있고, 괴로운 심령으로 나아가는 자들이 있다. 한 사람은 메마른 관념과 벌거벗은 지식으로 기도하고 다른 한 사람은 영혼의 번민에서 쏟아져 나오는 말로 기도한다. 하나님은 확실히 후자를 주목하실 것이며 "마음이 가난하고 심령에 통회하며 내 말을 듣고 떠는 자 그 사람"을 돌보실 것이다.사 66:2

6. 환히 밝아진 지각은 기도의 내용뿐 아니라 방식에도 아주 유용하다.
지각을 잘 사용해서 선악을 구별하며 인간의 비참함과 하나님의 긍휼을 감각하는 영혼은 남이 쓴 기도문을 통해 기도의 형식을 배울 필요가 없다. 고통을 느끼는 영혼에게 굳이 "오!"라고 외치도록 가르칠 필요가 없는 것처럼 성령이 지각을 열어 주신 자에게는 남의 기도문 없이는 기도할 수 없는 자들에게 하듯이 기도문을 따로 가르칠 필요가 없다. 심령을 짓누르는 감각과 느낌과 압박 때문에 절로 신음을 토하며 주께 요청하게 되어 있다. 지옥의 고통에 붙잡히고 지옥의 슬픔에 휩싸였던 다윗에게는 굳이 "여호와여, 주께 구하오니 내 영혼을 건지소서"라고 기도하도록 가르칠 중백의^{中白衣} 차림의 주교가 필요치 않았다.^{시 116:4} 기도서를 보며 하나님께 마음을 쏟아내는 형식을 가르쳐 줄 이가 따로 필요치 않았다. 아픔과 고통을 겪는 병든 자의 마음에서는 그에 따르는 비통한 신음과 개탄이 절로 새어 나오게 되어 있다. 다윗도 그랬다.^{시 38:1-12} 주를 송축하라. 그런 자들이 하나님의 은혜를 입는다.

7. 밝은 지각이 있어야 기도의 의무를 끝까지 계속 이행할 수 있다.

하나님 백성은 주 예수 그리스도를 참으로 얻고 싶어하는 가련한 영혼에게 마귀가 얼마나 많은 시험과 간계와 속임수를 쓰는지 안다. 그리스도도 지적하셨듯이 마귀는 하나님의 얼굴을 구하다가 지치게 만들고 하나님이 자기 같은 자에게는 긍휼을 베풀지 않으시리라 생각하게 만든다. 사탄은 말한다. "아, 실제로 기도해 봐야 효과는 없을 거야. 네 마음은 완고하고 냉랭하고 무디고 죽어 있지. 넌 성령으로 기도하지도 않고 아주 간절히 기도하지도 않는데다가 하나님께 기도하는 척할 때도 딴생각을 하잖아. 이 위선자야, 그만둬. 이제 그만 하라고. 더 애써 봤자 헛수고라니까!"

그러면 지각이 없어 잘 모르는 영혼은 금세 소리칠 것이다. "여호와께서 나를 버리시며 주께서 나를 잊으셨다!"^{사 49:14} 반면에, 밝히 깨우쳐 올바로 아는 영혼은 말할 것이다. "그래도 나는 주를 찾고 기다리겠다. 위로의 말 한마디 없이 침묵을 지키신다해도 그만두지 않겠다."사 40:27 여호와는 야곱을 몹시 사랑하셨지만 복을 주기 전에 씨름부터 하셨다.창 32:25-27 하나님이 지체하신다고 해서 나를 기뻐하지 않으시는 것이 아니다. 가장 아끼시는 성도들에게 얼굴을 가리시기도 한다.사 8:17 하나님은 자기 백성이 계속 기도하며 하늘 문 두드리는 것을 좋아하신다. 그럴 때 주께서 자신을 시험하신다고 생각하거나 자신의 비참한 신음 소리 듣길 즐기신다고 오해할 수 있다.

그러나 가나안 여인은 외견상의 거절을 진짜 거절로 여기지 않았다. 예수가 은혜로우신 분임을 알았다. 주는 오래 참으시는 듯해도 반드시 백성의 원한을 풀어 주신다.눅 18:1-6 사실 내가 주를 기다리는 것보다 주가 나를 더 오래 기다리신다. 다윗도 "내가 여호와를 기다리고 기다렸"다고 했다. 오래 기다렸더니 마침내 주가 응답하셨고 "귀를 기울이사 나의 부르짖음을 들으"셨다는 것이다.사 40:1

밝히 깨우쳐 잘 아는 지각이야말로 가장 훌륭한 해결책이다. 오호라, 주를 진정 경외하면서도 이처럼 잘 아는 지각이 없는 탓에 사탄의 거의 모든 속임수와 시험에 넘어가 종종 모든 것을 포기해 버리는 가련한 영혼들이 세상에 얼마나 많은지! 주께서 그들을 불쌍히 여겨 "영으로 기도하고 또 마음으로 기도하"도록 도와주시길 원한다. 나도 많이 경험해 보았기에 말할 수 있다. 심령의 번민이 극심할 때는 다 집어치우고 주를 찾는 일조차 포기하고 싶은 생각이 강하게 든다. 하지만 그럴 때마다 주께서 이전에 얼마나 큰 죄인들에게 긍휼을 베푸셨는지, 지금도 얼마나 많은 약속들이 죄인들에게 주어져 있는지 생각한다. 더 나아가 그가 은혜와 긍휼을 베푸신 대상은 건강한 자가 아니라 병든 자였다는 것, 의인이 아닌 죄인이요 충만한 자가 아닌 공허한 자였다는 것을 생각한다. 이를 알기에 성령의 지원을 받아 주를 굳게 붙잡고 매달리며 당장 응답이 없어도 부르짖는다.

주께서 시험에 빠져 괴로워하는 모든 가련한 백성을 도우사 계속 부르짖게 해주시길, 선지자의 말처럼 오래 기다려야 할지라도 계속 부르짖게 해주시길 원한다.[합 2:3] 인간의 발명품과 제한된 형식으로 기도하는 것이 아니라 "영으로 기도하고 또 마음으로 기도하"게 해주시길 원한다.

chapter 04

의문과 반박에 대한 답변

의문 1 어떻게 기도할지 모르는 우리 가련한 피조물들은 대체 어찌 해야 하는가? 주님도 아시듯이 나는 어떻게 기도할지도 모르고 무엇을 기도할지도 모른다.

답변 1 가련한 마음이여! 당신은 기도할 수 없노라 개탄한다. 그렇다면 당신 자신의 비참함은 알고 있는가? 날 때부터 율법의 저주 아래 있던 당신의 실상을 하나님이 보여주셨는가? 그렇다면 틀림없이 신음하리라는 것, 그것도 가장 비통하게 신음하리라는 것을 나는 안다. 생업에 거의 종사할 수 없을 만큼 당신의 마음에서 기도가 터져 나오리라는 것을 믿는다. 집안 구석구석에서 흘러나오는 당신의 신음소리가 지금 하늘로 올라가고 있지 않은가?^{롬 8:26} 그렇게 되리라는 것을 나는 안다. 생업조차 잊고 눈물을 쏟는 것은 당신의 마음에 슬픔이 가득하다는 증거다. 이 세상 일을 자주 잊을 만큼 다른 세상 것을 바라는 소원이 마음에 가득하지 않은가? 청컨대 욥기 23:12 을 읽어 보라.

의문 2 좋다. 하지만 은밀한 장소를 찾아 하나님 앞에 영혼을 쏟아내려 해도 말이 거의 나오질 않는다.

답변 2 아! 사랑스러운 영혼이여! 하나님은 당신의 말에 주목하지 않으신다. 그는 유창한 말로 나아가야만 주목하시는 분이 아니다. 그의 눈길은 상한 마음에 머문다. 상한 마음이 그의 긍휼을 불러일으킨다. "하나님이여, 상하고 통회하는 마음을 주께서 멸시하지 아니하시리이다."^{시 51:17}

마음이 너무 괴로우면 말문이 막힐 수 있다. 다윗도 너무 괴로워 말할 수 없을 때가 있었다.^{시 77:3, 4} 그러나 그렇게 슬퍼하는 마음에 위로가 되는 사실은, 비록 심령의 번민으로 말은 많이 하지 못하더라도 신음과 탄식은 더 열렬히 토해 내도록 성령이 마음을 북돋아 주신다는 것이다. 입은 막혀도 심령은 막히지 않는다. 앞서 지적한 대로 모세가 입 밖에 낸 말은 하나도 기록되어 있지 않지만 그의 기도는 하늘의 반향을 불러왔다.^{출 14:15}

주 앞에서 더 충분히 자기를 표현하고 싶다면, 첫째 타락한 자기 상태를 연구해 보라. 둘째 하나님의 약속을 연구해 보고, 셋째 그리스도의 마음을 연구해 보라. 그리스도가 어떻게 자신을 낮추시고 피를 흘리셨는지, 이전에 어떤 긍휼을 큰 죄인들에게 베푸셨는지 보면 그의 마음을 알고 분별하게 될 것이다. 자기 악함을 한탄하며 자복하고, 그리스도의 피를 주장하며 탄원하라. 풍성한 은혜의 약속들과 함께 다른 큰 죄인들에게 베푸셨던 긍휼을 마음에 깊이 품고 기도하라. 한마디 조언을 하자면, 자기가 하는 말 자체에 만족하지 않도록 조심하기 바란다. 하나님이 말만 들으신다고 생각지 말라. 말을 많이 하든 적게 하든 마음을 실어서 하라. 그렇게 그를 찾으면, 온 마음으로 찾으면 만날 것이다.렘 29:13

반박 1 당신은 성령으로 기도하는 것 외에 다른 기도 방식을 반대하는 것 같은데, 그렇다면 어떻게 기도해야 하는지 지침을 달라.

답변 1 우리는 서로 기도하도록 촉구하되 기도의 형식을 만들어서는 안 된다. 기독교적인 방향으로 기도하도록 권면하는 것과 한정된 형식을 만들어 하나님의 영을 제한하는 것은 다른 일이다. 사도는 그리스도인들에게 기도의 형식을 제시하지 않으면서도 기도하도록 지도한다.엡 6:8, 롬 15:30-32 그러므로 '우리는 기도에 대한 지시와 지침을 줄 수 있으며, 따라서 기도의 형식을 만드는 것은 정당하다'는 결론을 내려서는 안 된다.

반박 2 하지만 기도의 형식 없이 어떻게 자녀들에게 기도를 가르치겠는가?

답변 2 사람들이 흔히 하듯이 자녀들에게 너무 일찍 일정한 말의 형식을 가르치다가 결국 잘못된 기도를 가르치게 된다는 것이 내 판단이다. 내가 보기에는 자녀들 자신이 얼마나 저주받은 피조물인지, 어떻게 원죄와 자범죄를 짓고 하나님의 진노 아래 놓이게 되었는지 적절한 때 알려 주는 것이 더 좋은 방법인 것 같다. 하나님의 진노의 성격과 그로 인한 고통의 영속성에 대해서도 알려 주어야 한다. 그렇게 착실히 알려 주다 보면 기도도 더 빨리 가르치게 된다. 사람은 죄를 깨달으면서 기도를 배우는데, 우리 자녀들도 마찬가지다. 그런데 그 반대로 하는 것, 곧 자녀들이 다른 진리를 미처 알기도 전에 기도의 형식부터 서둘러 가르치는 것은 저주받은 위선자를 키우는 길이요 교만으로 우쭐해지게 만드는 길이다. 그러니 자녀들이 어떤 비참한 상태와 처지에 있는지부터 가르치라. 지옥 불과 죄에 대해, 영벌과 구원에 대해, 영벌을 피하고 구원을 얻는 길에 대해 가르치라. 그러면 그들의 눈에서는 눈물이, 마음에서는 무거운 신음이 흘러나올 것이다. 그때 누구를 통해 누구에게 기도해야 하는지 알려 줄 수 있다. 하나님이 무슨 약속을 하셨는지, 그 말씀에 따라 어떤 은혜를 전에 죄인들에게 베푸셨는지 알려 줄 수 있다.

아, 주께서 가련하고 사랑스러운 아이들의 눈을 열어 거룩한 그리스도인으로 만들어 주시길! 다윗은 말한다. "너희 자녀들아, 와서 내 말을 들으라. 내가 여호와를 경외하는 법을 너희에게 가르치리로다." [시 34:11] 그는 "내가 너희 입에 재갈이 될 기도의 형식을 가르쳐 주겠다"라고 하지 않는다. "여호와를 경외하는 법"을 가르쳐 주겠다고 한다. 이처럼 자녀들 자신이 통탄할 상태로 태어났음을 깨닫고 복음의 진리를 배울 때, 성령이 그 배운 진리를 통해 기도하게 하신다. 진리를 가르칠수록 그들의 마음은 하나님께 달려가 기도할 것이다. 바울도 죄를 깨닫고 회심한 후에야 기도의 사람으로 인정받았다.^{행 9:11} 다른 이들은 더 말할 것도 없다.

반박 3 하지만 제자들은 요한이 자기 제자들에게 기도를 가르쳤듯이 그리스도도 기도를 가르쳐 주시길 바랐고, 그래서 주께서 이른바 주기도문을 가르치지 않으셨는가?

답변 3 그들뿐 아니라 우리도 그리스도께 기도를 배우길 바란다. 그런데 지금은 직접 가르치지 않으시고 말씀과 성령을 통해 가르치신다. 그리스도는 자신이 떠난 후에 성령을 보내 공급해 줄 것을 약속하셨고 그 약속을 지키셨다.^{요 14:16, 16:7}

이른바 형식과 관련해서는, 그리스도가 한정된 기도 형식을 알려 주려 하셨다고 볼 수 없다. 마태복음 6장과 누가복음 11장을 비교해 보면 알겠지만, 주님은 각기 다르게 말씀하셨다. 주님의 의도가 고정된 형식을 알려 주려는 것이었다면 그러지 않으셨을 것이다. 고정된 형식은 정확히 같은 수의 단어로 이루어지기 때문이다. 사도들은 한 번도 그런 형식을 지킨 적이 없었고 남들에게 지킬 것을 권고한 적 또한 없었다. 서신서를 전부 찾아보라. 사도들은 지식을 가지고 분별하는 측면에서나 신실하게 실천하는 측면에서나 이 기도를 강제하는 후대의 어떤 인물들 못지않게 뛰어났던 것이 확실하다.

요컨대 그리스도가 "하늘에 계신 우리 아버지여"로 시작되는 기도를 통해 그 백성에게 가르치신 것은 하나님께 기도할 때 지켜야 할 원칙―믿음으로 구해야 한다거나 하늘에 계신 하나님께 구해야 한다거나 그의 뜻에 합당하게 구해야 한다는 등의 원칙―이다. 그렇게 기도하라. 그에 따라 기도하라.

반박 4 하지만 그리스도는 기도로 성령을 구할 것을 명하신다. 이것은 성령 없이도 기도할 수 있고 그런 기도 또한 들으신다는 뜻이 아닌가? 누가복음 11:9-13을 보라.

답변 4 1절을 보면 이 말씀을 제자들에게 하셨던 것을 알 수 있다. 그러므로 구하는 자들에게 성령을 주신다는 그리스도의 말씀은 성령을 더 주시겠다는 뜻으로 이해해야 한다. 이미 어느 정도 성령을 받은 제자들에게 하신 말씀이기 때문이다. 그는 2절에서 기도할 때 "아버지여"라고 부르라고 하신다. 8절과 9절에서도 "내가 너희에게 말하노니", "내가 또 너희에게 이르노니"라고 하신 다음, 13절에서 "너희가 악할지라도 좋은 것을 자식에게 줄 줄 알거든 하물며 너희 하늘 아버지께서 구하는 자에게 성령을 주시지 않겠느냐"라고 하신다. 그리스도인은 마땅히 성령을 구해야 한다. 이미 주셨지만, 더 많이 주시길 구해야 한다.

질문 그렇다면 스스로 그리스도의 제자임을 아는 자들만 기도하라는 말인가?

답변 그 질문에 대한 내 대답은 이것이다.

(1) 구원받길 원하는 모든 영혼은 비록 시험에 빠져 스스로 하나님의 자녀라는 결론을 내릴 수 없더라도 하나님께 자신을 쏟아내야 한다.

(2) 하나님의 은혜가 그 속에 있는 자는 마치 젖 먹는 아이가 어미 품을 찾듯이 자연스럽게 신음하며 자기 처지를 토하리라는 것을 나는 안다. 기도는 그리스도인이 되었음을 알 수 있는 첫 표지들 중 한 가지다.^{행 9:12} 바른 기도에는 다음과 같은 특징이 나타난다.

• 그리스도 안에서 하나님 자신을 소원하며 그의 거룩하심과 사랑과 지혜를 소원한다. 바른 기도는 그리스도를 통해 하나님께 나아가는 기도, 하나님 한분께만 집중하는 기도다. "하늘에서는 주 외에 누가 내게 있으리요. 땅에서는 주 밖에 내가 사모할 이 없나이다."^{시 17:15}

• 금생에서나 내생에서나 하나님과 계속 즐거이 교통한다. "나는 의로운 중에 주의 얼굴을 뵈오리니 깰 때에 주의 형상—모습—으로 만족하리이다."^{시 17:15} "참으로 우리가 여기 있어 탄식하며."^{고후 5:2}

• 바른 기도를 드리는 자는 구하는 바를 얻을 때까지 계속 수고한다. "파수꾼이 아침을 기다림보다 내 영혼이 주를 더 기다리나니 참으로 파수꾼이 아침을 기다림보다 더하도다."^{시 130:6} "내가 일어나서 성 안을 돌아다니며 마음에 사랑하는 자

를 거리에서나 큰 길에서나 찾으리라."^{아 3:2}

청컨대, 우리를 기도하게 만드는 두 가지 요소를 명심하라. 한 가지는 죄와 이 세상의 것들에 대한 혐오이고, 또 한 가지는 더러움 없이 거룩한 지위와 유업을 받아 하나님과 교통하려는 소원이다. 이런 기도와 인간이 만들어 낸 기도 대부분을 비교해 보면 후자는 기도의 시늉이나 가증한 심령의 호흡에 불과함을 알게 된다. 심지어 대다수 사람들은 아예 기도하지 않으며 혹 기도한다 해도 하나님과 세상을 애써 기만할 뿐이다. 그들의 기도와 실제 삶의 경로를 나란히 비교해 보면 스스로 기도한 바를 삶에서는 전혀 추구하지 않는다는 것을 쉽게 알 수 있다. 오, 통탄할 위선자들이여!

chapter 05

활용과 적용

이제 적용에 대해 한두 마디 하면서, 첫째 알려 주는 말, 둘째 격려하는 말, 셋째 책망하는 말을 통해 결론을 내려 보겠다.

1. 알려 주는 말

기도는 하나님의 모든 자녀가 자기 영혼 속에 계신 그리스도의 영을 힘입어 계속 수행해야 할 의무로서, 주께 기도하는 일을 맡은 자는 누구나 예수 그리스도를 통해 하나님의 긍휼을 소망할 뿐 아니라 특별히 하나님을 두려워하는 마음으로 이 일을 해나가기 위해 매우 조심할 필요가 있다.

기도는 하나님께 아주 가까이 나아가도록 이끌어 주는 규례다. 그러므로 신성한 현존에 합당하도록 영혼의 기도를 도와줄 은혜의 지원이 더더욱 필요하다. 왕 앞에서 불손하게 행동하는 것은 수치지만 하나님 앞에서 불손하게 행동하는 것은 죄다. 지혜로운 왕이 흉한 말과 몸짓으로 연설하는 자를 기뻐하지 않듯이 하나님도 우매한 자들의 제사를 기뻐하지 않으신다.전 5:1, 4 여호와의 귀를 기쁘게 하는 것은 긴 담론이나 유창한 혀가 아니라 겸손하며 상하고 통회하는 마음이다.시 51:17, 사 57:15 그러므로 이제 말하는바 기도의 다섯 가지 장애물을 잘 알고 한낱 피조물의 요구를 물리치기 바란다.

(1) 첫 번째는 마음에 죄악을 품은 채 하나님 앞에 구하는 것이다. "내가 나의 마음에 죄악을 품었더라면 주께서 듣지 아니하시리라."시 66:18 자신의 속이는 입술로는 심판하는 죄를 속으로는 은밀히 사랑할 수 있다. 이것은 사람의 마음속에 있는 악으로서, 입으로는 대적하며 기도하지만 실제로는 사랑하고 부여잡는다. 입으로는 하나님을 공경하지만 마음은 먼 것이다.사 29:13, 겔 33:31 오, 개한테나 던져 줄 심산으로 구걸하는 거지가 있다면 얼마나 보기 싫겠는가! 한 입으로 "제발 주세요" 했다가 다음 순간 "제발 주지 마세요" 한다면 어떻겠는가! 그런데 이런 자는 그렇게 한다. 입으로는 "뜻이 이루어지이다"라고 하면서 마음으로는 딴말을 하는 것이다. 입으로는 "이름이 거룩히 여김을 받으시오며"라고 하면서 마음과 삶으로는 종일 그 이름에 먹칠하길 즐긴다. 이런 것은 죄가 되는 기도로서시 109:7 아무리 많이 해도 절대 응답받지 못한다.삼하 22:42

(2) 두 번째는 사람에게 보여주고 들려주려고, 신앙 좋은 자로 인정받으려고, 또는 그 비슷한 이유로 구하는 것이다. 이런

기도 역시 하나님의 승인을 받지 못하며 영생과 관련된 응답을 받을 가능성이 전혀 없다. 이런 목적으로 기도하는 자들 중에는 두 부류가 있다.

한 부류는 고관들의 집에 쑤시고 들어가 하나님께 예배를 드리는 척하지만 실상은 자기 뱃속 채우는 것이 큰 사업인 아첨꾼 성직자들이다. 느부갓네살에게 몹시 헌신하는 척했으나 실상은 자기 정욕과 뱃속을 채우는 것이 주목적이었던 술사들과 아합의 선지자들이 이들의 모습을 잘 대변한다.

또 한 부류는 유창한 말로 명성과 갈채를 추구하며 무엇보다 청중의 귀와 머리를 더 만족시키려 하는 자들이다. 이들은 사람에게 들려주기 위해 기도하는 자들로서 이미 자기 상급을 다 받은 것이다.마 6:5 이런 자들에게 나타나는 모습은 다음과 같다. 청중만 바라보며 할 말을 찾는다. 기도를 마친 후에 칭찬을 기대한다. 자기가 얼마나 커 보이고 칭송받느냐에 따라 마음이 요동친다. 길게 기도하길 좋아한다. 쓸데없이 말을 반복하여 길이를 늘인다.마 6:7 어떻게 하면 커 보일까 궁리할 뿐, 기도하는 자기 마음이 어떤지는 살피지 않는다. 그들이 원하는 보답은 사람의 공허한 갈채다. 그래서 방에 있기보다 무리 가운데 있길 좋아한다. 양심은 골방으로 들어가게 만들지만 위선은 거리에서 큰 소리로 기도하게 만든다. 입이 멈추는 동시에 기도도 끝난다. 주께서 하실 말씀을 듣기 위해 기다리는 법이 없다.시 85:8

(3) 하나님이 받지 않으시는 세 번째 종류의 기도는 잘못된 것을 구하거나 혹 바른 것을 구해도 자기 정욕을 위해 쓰려는 잘

못된 목적으로 구하는 것이다. 아예 구하지 않아서 얻지 못하는 자들이 있는가 하면, 자기 정욕을 위해 쓰려고 잘못 구하는 탓에 얻지 못하는 자들도 있다고 야고보는 말한다.약 4:2-4 하나님의 뜻에 반하는 목적은 하나님 앞에 드린 간구가 실패하는 중대한 이유다. 그래서 이런저런 것들을 구하는 허다한 기도가 응답받지 못하는 것이다. 하나님은 그런 기도에 오직 침묵으로 답하신다. 자기 혼자 말하느라 애만 쓰는 셈이다.

반박 하지만 이스라엘 백성이 자기 정욕을 채우려고 구했는데도 메추라기 떼를 보내 주신 것처럼 하나님을 향해 바른 마음을 갖지 못한 자들의 기도를 들으실 때도 있지 않은가?

답변 그것은 긍휼이 아닌 심판이다. 실제로 그들의 소원은 이루어졌지만 차라리 이루어지지 않는 편이 나을 뻔했다. "그들의 영혼은 쇠약"해졌기 때문이다.시 106:15 이런 응답을 받는 자는 화 있을진저!

응답받지 못하는 네 번째 종류의 기도는 주 예수 그리스도 안에서 나아가지 않고 자기 혼자 하나님 앞에 나아가 구하는 것이다. 하나님은 기도라는 규례를 정하시고 피조물의 기도를 듣기로 약속하셨지만, 그리스도 안에서 나아가지 않는 피조물의 기도까지 들으시는 것은 아니다. 오직 "내 이름으로" 구해야 한다.요 14:13-14, 15:16, 16:23-26 "먹든지 마시든지 무엇을 하든지" 주 예수 그리스도의 이름으로 해야 한다.고전 10:31 아무리 경건하게 열성적으로 간절히 계속 기도해도 "내 이름으로" 구하지 않으면 소용이 없다. "내 이름으로" 구해야 그리스도 안에서 들어주시고 받아 주신다. 그러나 어쩌랴! 우리 주 예수의 이름으로 하나님께 나아갈 줄 모르기에 악하게 살고 악하게 기도하다가 악하게 죽는 자들, 육에 속한 자의 범위를 넘지 못한 채 사람끼리 하는 말과 행동만 하면서 오직 율법의 의만 가지고 하나님 앞에 나아가는 자들이 태반이다.

기도를 막는 마지막 장애물은 능력 없는 형식이다. 사람들은 기도서에 나오는 형식들에 쉽게 열광한다. 그러나 자신에게 기도의 영과 능력이 있는지 알아볼 생각은 전혀 하지 않는다. 이들은 분칠한 자나 다름없고 이들의 기도는 꾸민 소리나 다름없다. 이들은 위선적인 모습으로 나아가며 이들의 기도는 가증하다.잠 28:9 이들이 하나님께 영혼을 쏟아냈다는 말은 개처럼 울었다는 뜻이다.호 7:14

반박 당신의 주장대로라면, 아무것도 감각하지 못하는 나 같은 사람은 기도하면 안 되는 것 아닌가?

답변 1 당신이 통탄할 만큼 무감각하더라도 완전히 무감각한 것은 아니다. 적어도 자신의 무감각하다는 사실은 감각하고 있기 때문이다. 당신에게 필요하다고 느끼는 그것을 구하라.눅 8:9 자신이 무감각하다는 사실을 감각하고 있다면, 당신의 마음이 감각하지 못하는 것이 무엇이든 그것을 감각하게 해주시길 주께 구하라. "여호와여, 나의 종말과 연한이 언제까지인지 알게 하사 내가 나의 연약함을 알게 하소서."시 39:4 제자들

도 "주여, 이 비유의 뜻을 우리에게 알려 주소서"라고 했다.눅
8:9 이 기도에는 다음과 같은 약속이 붙어 있다. "너는 내게 부르짖으라. 내가 네게 응답하겠고 네가 알지 못하는 크고 은밀한 일을 네게 보이리라."렘 33:3 여기서 보이신다는 것은 감각하게 해주신다는 뜻이다.

답변 2 마음 없이 입만 가지고 하나님께 나아가지 않도록 조심하라. 입이 마음보다 앞서나가지 않게 하고 입과 마음이 일치하도록 힘쓰라. 다윗은 마음과 영혼으로 주를 우러러보았다. 입과 마음이 일치하지 않는 기도는 입술의 수고에 불과하다. 하나님은 입술의 열매를 요구하고 받으시지만, 마음이 따르지 않는 입술은 무감각하다는 증거일 뿐 아니라 그 무감각함조차 감각하지 못한다는 증거다. 그러니 하나님 앞에 드리는 기도가 커지길 바란다면 반드시 마음으로 기도하라.

이 활용법의 결론으로 지적할 주의사항이 두 가지 있다.

자신에게 성령이 없고 성령으로 기도하지 못한다는 돌연한 생각 때문에 기도를 포기하는 일이 없도록 조심하라. 마귀가 최선을—아니, 최악을—다하는 중대한 작업이 바로 가장 훌륭한 기도를 막는 것이다. 마귀는 하나님의 코에 악취를 풍기면서 기도의 의무나 다른 모든 의무를 수행하는 위선자들, 거짓으로 가장하는 위선자들한테는 아첨을 하며 잘하고 있다는 환상을 천 가지나 불어넣는 반면, 가련한 대제사장 여호수아는 바로 곁에서 대적한다. 즉, 여호수아 자신이나 그가 하는 모든 일을 하나

님이 받지 않으신다고 생각하도록 꾀는 것이다.사 65:5, 슥 3:1 그런 거짓 결론과 근거 없는 낙심에 빠지지 않도록 조심하라. 그런 생각이 심령에 찾아오더라도 절대 낙심하지 말고, 더 쉼 없이 진실하게 하나님께 나아가는 계기로 삼으라.

그런 돌연한 시험 때문에 기도를 멈추고 영혼을 하나님께 쏟아내길 그만두면 안 되는 것처럼 자기 마음의 부패 때문에 기도가 방해를 받아서도 안 된다. 앞서 언급한 모든 악이 자기 속에 있어 기도에 침투하려 드는 것을 발견할 수 있다. 그럴 때 할 일은 악한 것을 악하다 판단하고 대적하여 기도하며, 자기 악함을 감각함으로써 더욱 더 하나님의 발 앞에 엎드리는 것이다. 자기 마음의 부패와 악함을 낙심과 절망의 이유로 삼을 것이 아니라 오히려 의롭게 하시며 거룩하게 하시는 은혜를 하나님께 구할 이유로 삼는 것이다. 다윗도 그렇게 했다. "여호와여, 나의 죄악이 크오니 주의 이름으로 말미암아 사하소서."시 25:11

2. 격려하는 말

이제 시험에 빠져 낙심한 가련한 영혼이 그리스도를 통해 하나님께 기도할 수 있도록 격려하는 말을 하겠다. 성령 안에서 드리는 기도라야 영생과 관련된 기도로 받아 주시지만—오직 성령만 하나님의 뜻에 따라 우리를 위해 중보하시므로롬 8:27—다른 많은 가련한 영혼들에게도 성령이 역사하여 주를 향해 신음하며 긍휼을 구할 마음을 주실 수 있기에, 비록 당장은 자신을 하나님이 기뻐하시는 백성으로 믿지 못하고 믿을 수 없더라도 그 속에 은혜의 진리가 있을 수 있기에, 그들을 격려하기 위해 몇 가지 요점을 제시하고자 한다.

(1) 누가복음 11:8은 그리스도 예수를 갈망하는 가련한 영혼에게 큰 격려가 된다. 주님은 11장 서두에서 떡 세 덩이를 빌리기 위해 친구를 찾아간 자의 비유를 들려주신다. 이미 잠자리에 들었기에 부탁을 거절했던 친구가 끈덕진 요청에 못 이겨 일어나 떡을 주었다는 말씀이 분명히 의미하는 바는, 믿음이 약해 스스로 하나님의 친구라고 여기지 못하는 가련한 영혼도 결코 포기하지 말고 계속 구하고 찾으며 하나님의 문을 두드려 긍휼을 얻으라는 것이다. "내가 너희에게 말하노니 비록 벗됨으로 인하여서는 일어나서 주지 아니할지라도 그 간청함―사그라들지 않는 소원―을 인하여 일어나 그 요구대로 주리라"는 그리스도의 말씀을 명심하라. 가련한 마음이여! 당신은 하나님이 자신을 주목하지 않으실 것이라고 소리치며, 스스로 하나님의 친구가 아닌 원수로―악한 행실 때문에 마음의 원수 된 자로―여긴다.골 1:21 비유에 나오는 친구처럼 주께서 "성가시게 굴지 마라. 나는 너한테 줄 수가 없다"라고 하시는 것 같더라도 계속 문을 두드리고 부르짖으며 한탄하고 슬피 울라. 분명히 말하지만, 비록 벗됨으로 인하여서는 일어나서 주지 아니하실지라도 당신의 끈덕진 간청함을 인하여 일어나 그 요구대로 주실 것이다.

불의한 재판장과 가련한 과부의 비유가 가르치는 교훈도 사실상 동일하다. 과부는 끈덕진 간청으로 재판장을 설득한다.눅 18:1-8 나 자신의 경험을 보아도 실로 끈덕진 간청보다 더 하나님을 설득할 수 있는 것은 없다. 문 앞에 찾아오는 거지들만 보아도 그렇지 않은가? 처음에는 줄 마음이 전혀 없다가도 계속 쳐다보고 한탄하며 빈손으로 돌아서려 하지 않으면 결국 내주게 된다. 계속된 구걸에 굴복하는 것이다. 악한 당신에게도 동정심이 있어 거지의 끈덕진 간청에 마음이 동하는가? 그렇다면 가서 똑같이 하라. 이것은 유력한 동기로서, 경험적으로 볼 때 주의 마음도 동하여 자리에서 일어나 당신의 요구대로 주실 것이다.

(2) 자기 죄를 깨닫고 떠는 가련한 영혼에게 줄 또 한 가지 격려는 크신 하나님이 가련한 피조물의 간구와 기도를 듣기 위해 어떤 자리, 장소, 보좌에 앉아 계신지 생각하라는 것이다. 그는 "은혜의 보좌"에 앉아 계신다.히 4:16 "시은좌 곧 은혜의 자리"에 앉아 계신다.출 25:22 난외주 이 말은 하나님이 복음의 시대에도 그 자리 곧 거처에 앉아 긍휼과 용서를 베푸신다는 뜻이다. 출애굽기 25:22에서 말씀하신 대로 거기서 죄인의 소리—시은좌 앞에서 아뢰는 소리—를 듣고 교통하신다는 것이다. "거기서 내가 너와 만나고." 시은좌 위에서 만나 주신다는 이 말씀을 명심하라. 그는 "거기서 내가 너와 만나고 시은좌 위에서 너와 교통하겠다"라고 하신다!

가련한 영혼이여! 당신은 아주 쉽게 하나님에 대해, 자신을 대하시는 그의 태도에 대해 이상한 생각을 한다. 그가 이처럼 시은좌 위에 앉아 계시는데도, 가련한 피조물의 기도를 듣고 주목할 자리를 의도적으로 마련해 두셨는데도 자신을 전혀 주목하지 않으실 것이라는 성급한 결론을 내려 버린다. 그가 심판의 보좌에서 교통하겠다고 하셨다면 실제로 벌벌 떨며 크고 영화로우신 주권자의 얼굴을 피해 도망칠 것이다. 그러나 은혜의 보좌에서 영혼들의 기도를 듣고 교통하겠다고 하셨으니 용기를 내고 소망을 품을 수 있으며, 더 나아가 "긍휼하심을 받고 때를 따라 돕는 은혜를 얻기 위하여 은혜의 보좌 앞에 담대히 나아"갈 수 있다.^{히 4:16}

(3) 하나님께 계속 기도하도록 격려할 또 다른 말은, 하나님이 가련한 죄인들과 기꺼이 교통하시는 시은좌가 마련되어 있을 뿐 아니라 자신의 피를 계속 거기에 뿌리시는 예수 그리스도 또한 곁에 계신다는 것이다. 그래서 그의 피를 "뿌린 피"라고 부른다.^{히 12:24}

율법 아래 있는 대제사장은 지성소 시은좌로 나아갈 때 "피 없이는" 들어갈 수 없었다.^{히 9:7} 왜 그랬을까? 시은좌 위에 계신 하나님은 긍휼할 뿐 아니라 온전히 공의로운 분이시기 때문이다. 레위기 16:13-17에 나오듯이 대제사장은 중보하러 나아갈 때 피를 뿌림으로써 제사에 참여하는 자들에게 하나님의 공의가 행사되지 않도록 막았다. 이 말은 아무리 자격 없는 자라도 그리스도 안에서 하나님께 나아가 긍휼을 구할 수 있다는 뜻이다. 자기는 악하다고, 그러니까 하나님은 자기 기도에 주목하지 않으실 것이라고 당신은 소리친다. 자기 악함을 즐기며 순전히 가식으로 하나님께 나아가는 척하는 것이라면 그 말이 맞다. 그러나 자기 악함을 감각하고 그 마음을 하나님께 쏟아내는 것이라면, 죄책에서 자신을 구원해 주시고 더러움을 씻어 주시길 전심으로 소원하는 것이라면, 두려워 말라. 당신의 악함은 주의 귀를 막지 못한다. 그리스도가 시은좌에 뿌리시는 값진 피가 공의의 시행을 막고 긍휼의 수문을 열어 당신에게로 흘러가게 만들 것이다. 앞서 말한 대로 우리는 "예수의 피를 힘입어 성소에 들어갈 담력"을 얻었다. 그 피가 "새로운 살 길"을 열어 놓았기에 당신은 죽지 않는다.히 20:19-20

그뿐만이 아니다. 예수는 시은좌에 피를 뿌리실 뿐 아니라 말씀도 하신다. 그 피 또한 말을 한다. 하나님은 그의 소리를 들으시고 그 피의 소리도 들으신다. 오직 그 피를 보시고 "내가······ 너희를 넘어가리니 재앙이 너희에게 내려 멸하지 아니하리라" 고 하신다.출 12:13

더 길게 말하지 않겠다. 깨어 있으라. 겸손하라. 아들의 이름으로, 성령의 지원을 받아, 아버지께 나아가 당신의 사정을 아뢰라. 그러면 영으로 기도하고 마음으로 기도하는 일의 유익을 느끼게 될 것이다.

3. 책망하는 말

(1) 아예 기도하지 않는 자에게 통탄스러운 마음으로 고한다. 사도는 "내가 기도하리라"고 말하며 그리스도인의 마음 또한 그렇게 말한다. 기도하지 않는 자는 그리스도인이 아니다. 모든 의로운 자는 기도한다는 것이 성경의 약속이다.시 32:6 기도하지 않는 자는 악하고 비참한 자다. 야곱은 하나님과 씨름하여 이스라엘이라는 이름을 얻었다.창 32:28 그의 모든 자손도 같은 이름으로

불렸다.^{갈 6:6} 그럼에도 기도를 잊고 주의 이름을 부르지 않는 자들에게 해당되는 기도는 "주를 알지 못하는 이방 사람들과 주의 이름으로 기도하지 아니하는 족속들에게 주의 분노를 부으소서"라는 것이다.^{렘 10:25}

오, 그러니 하나님 앞에 마음을 쏟는 일과 거리가 먼 당신, 개처럼 잠자리에 들었다가 한낱 돼지나 술꾼처럼 일어나는 당신, 주를 부르는 일을 아예 잊어버린 당신은 어찌 되겠는가? 그리도 천국을 구할 마음이 없으니 지옥에 떨어지면 어쩌려고 그러는가? 그리도 긍휼을 간절히 구할 귀한 것으로 여기지 않으니 누가 당신을 불쌍히 여겨 신음하겠는가? 분명히 말하건대, 까마귀와 개들이 일어나 당신을 심판할 것이다. 그 짐승들은 각기 원기 회복에 필요한 것을 찾는 표시를 내고 소리도 내는데, 당신은 영원히 지옥에서 망할 것이 분명한데도 천국을 구할 마음을 품지 않으니 말이다.

(2) 이번에는 성령과 성령을 힘입어 드리는 기도를 무시하고 조롱하며 얕잡아 보길 일삼는 자를 책망하겠다. 하나님이 이런 행동의 책임을 물으시면 어쩌려고 그러는가? 당신은 왕을 거스르는 말은 큰 반역으로 여기고 그런 생각을 하는 것만으로도 무서워 떨면서 주의 성령은 모독하려 든다. 하나님을 함부로 대하는 자가 과연 유쾌한 종말을 맞겠는가? 하나님이 당신의 비웃음이나 사려고 자기 백성의 마음속에 성령을 보내셨겠는가? 과연 그것이 하나님을 섬기는 예인가? 당신네 교회가 개혁된 증거인가? 오히려 돌이킬 수 없이 버림받은 자의 표지가 아닌가? 오,

두렵다! 율법을 범한 죄로 멸망하는 것도 모자라 성령을 대적하는 죄까지 지어야겠는가?

거룩하고 악이 없고 더러움이 없는 은혜의 성령, 하나님의 본성이시요 그리스도의 약속이시요 자녀들의 보혜사이신 성령을—그분 없이는 누구도 아버지가 받으실 만한 예배를 드릴 수 없음에도—마치 노래 후렴구 반복하듯 비웃고 우롱하고 조롱해야겠는가? 모세와 아론을 비방한 고라와 그의 무리도 지옥에 처박혔는데 그리스도의 성령을 조롱한 자가 과연 형벌을 면하겠는가?민 16:31-35, 히 10:29 성령께 한 번 거짓말한 아나니아와 삽비라가 어찌 되었는지 읽지 못했는가?행 5:1-8 성령을 얕잡아 본 마술사 시몬이 어찌 되었는지 읽지 못했는가? 성령이 하나님의 자녀에게 베푸시는 도움과 섬김과 직분에 반발하고 분노하길 일삼는 죄를 하나님이 과연 미덕으로 여기시겠는가? 과연 갚지 않고 넘어가시겠는가? 은혜의 성령을 멸시하는 것은 무서운 죄다.마 12:31, 막 3:30

(3) 성령의 직분과 섬김을 업신여기고 비방함으로 모독하는 자들의 운명이 이러하듯이 인간이 고안한 형식으로 기도의 영께 저항하는 자들 또한 통탄스럽기는 마찬가지다. 기도의 영보다 사람의 전통을 더 존중하고 인정하게 만드는 것은 마귀의 술책이다. 하나님이 예배의 길과 장소로 정하신 예루살렘에 가지 못하도록 수많은 백성을 가로막았던 여로보암의 저주받을 가증스러운 죄보다 나을 바가 무엇인가? 그의 죄는 하나님의 노여움을 불러일으켰고 지금도 그 노여움은 잦아들지 않고 있다.왕상

그 옛날 위선자들이 하나님께 받은 심판에 대해 듣고 나면 그래도 조심하고 두려워하지 않겠느냐고 생각할지 모르겠다. 그러나 이 시대의 지도자들은 남이 받은 형벌을 보면서 경각심을 갖기는커녕 더 필사적으로 같은 죄―하나님이 명하거나 권하지 않으시는 인간의 제도를 세우는 죄―에 매달리고 있다. 그 제도에 순종하지 않는 자는 누구든지 이 땅과 세상에서 쫓아내고 있다.

하나님이 정말 당신에게 이런 것들을 요구하셨는가? 그렇다면 어디서 요구하셨는가? 내가 확신하듯이 요구하신 적이 없다면, 하나님께 예배를 드리면서 그가 요구하지도 않으신 것들을 명하는 교황이나 주교나 그 밖의 사람들은 얼마나 지독히도 방자한 것인가! 그들은 성경 본문을 몇 군데 정해서 읽는 일부 형식뿐 아니라 다른 터무니없는 요소들까지 하나님의 신성한 예배로 인정하도록 강요한다. 그런 요소들이 무엇인지는 다른 이들도 대체로 찾아볼 수 있으니 여기서 굳이 밝히지는 않겠다. 더없이 평화롭게 살고 싶지만 양심상 하나님이 결코 명하시지 않은 것을 예배의 가장 뛰어난 요소로 인정할 수 없는 자가 당파적이고 선동적이며 잘못된 이단으로―교회를 비방하며 사람들을 시험하는 자 등으로―치부당하는 것이 작금의 현실 아닌가? 주여, 사람의 전통을 가르치는 것으로도 모자라 그것을 하나님의 교리로 강제하고 있으니 이 모든 일의 결국이 무엇이겠나이까?

이런 자들은 기도의 영을 부인하고 형식을 강제한다. 성령을 비하하고 형식을 극찬한다. 성령으로 기도하는 자는 아무리 겸손하고 거룩해도 광신자로 치부하고, 형식을 좇아 기도하는 자는 단지 그 한 가지 이유 때문에 고결한 인물로 간주한다! 이런 관행의 옹호자들은 "경건의 모양은 있으나 경건의 능력은 부인하"는 자들에게서 돌아서라고 교회에 명하는 성경의 말씀에 어찌 대답할 것인가?^{딤후 3:5} 이들이 내가 말한 이런 일들을 하고 남이 만든 기도의 형식을 기도의 영보다 앞세운다는 사실을 입증하는 데는 오랜 시간이 필요치 않다. 『공동기도서』를 기도의 영보다 앞세우는 자는 사람이 만든 형식을 기도의 영보다 앞세우는 것이다. 이들은 전부 기도의 영으로 기도하는 자들을 추방하려 들거나 실제로 추방해 버린다. 반면에, 형식만 좇아 기도하는 자들은 그 한 가지 이유 때문에 끌어안고 포용한다. 이처럼 자신이나 남들이 고안해 낸 형식을 하나님이 은혜로 특별히 지명하신 기도의 영보다 더 사랑하고 앞세운다.

영국의 감옥과 술집들을 들여다보라. 내가 믿는 바, 기도의 영을 구하는 자들은 감옥에 있을 것이요 인간의 고안품만 찾는 자들은 술집에 있을 것이다. 하나님이 아끼시는 사역자들, 기도의 영을 통해 더없이 큰 능력을 받은 사역자들, 양심상 『공동기도서』의 형식을 인정할 수 없는 사역자들의 입을 틀어막는 현 세태를 보면 분명히 알 수 있다. 바로 이런 것이 성령으로 드리는 기도와 말씀 전파보다 『공동기도서』를 더 높이는 태도가 아니라면 내 말이 틀린 것이다.

이 문제를 계속 다루는 것은 유쾌한 일이 아니다. 주께서 긍휼로 사람들의 마음을 돌이켜 기도의 영을 더욱 구하게 하시길, 그 영의 힘으로 자기 영혼을 주 앞에 쏟아내게 하시길 원한다.

chapter 06

결론

하나님의 모든 백성에게 다음과 같이 조언하며 이 글의 결론을 맺겠다.

1. 당신이 하나님의 길에 있다면 반드시 시험이 찾아올 것을 알라.
2. 그러니 그리스도의 회중 안에 들어가는 첫날부터 어떤 시험이 있는지 찾아보라.
3. 그런 시험이 올 때 잘 이기게 해주시길 하나님께 구하라.
4. 속임수에 넘어가 천국의 증거도 잃고 세상에서 하나님과 동행하지도 못하는 일이 없도록 마음을 힘써 지키라.
5. 거짓 형제들의 아첨을 조심하라.
6. 진리의 능력과 생명 안에 계속 머물라.

7. 보이지 않는 것을 최대한 보라.

8. 사소한 죄를 조심하라.

9. 약속을 마음속에 뜨겁게 품으라.

10. 그리스도의 피를 믿고 행위를 새롭게 하라.

11. 자신에게 일어난 중생의 역사를 숙고하라.

12. 먼저 중생한 자들과 함께하는 일을 중시하라.

그대들에게 은혜가 있을지어다.

PART 2. 은혜의 보좌

"그러므로 우리는 긍휼하심을 받고 때를 따라 돕는 은혜를 얻기 위하여 은혜의 보좌 앞에 담대히 나아갈 것이니라."히 4:16

히브리서는 예수 그리스도의 대제사장직과 그로 인해 백성이 얻는 뛰어난 유익을 더 분명히 밝히기 위해 성령이 기록케 하여 교회에 남겨 주신 서신이다. 이 서신이 일차적으로 우리 앞에 제시하는 것은 율법에 속한 제사장과 제사장 직분을 넘어서는 그 위격의 뛰어남과 그 직분의 초월적 영광이다.

그러므로 이 서신의 유익한 읽기를 위해 하나님의 영이 첫 번째로 가장 심각하게 요청하시는 바는 예수가 얼마나 뛰어난 분이신지 깊이 생각해 보라는 것이다. "함께 하늘의 부르심을 받은─그렇기에 이 거룩한 분이 하신 일과 연관이 있고 상관이 있는—거룩한 형제들아, 우리가 믿는 도리의 사도이시며 대제사장이신 예수를 깊이 생각하라."[히 3:1] 그가 얼마나 위대한 분이시며 거룩하고 영광스러운 부르심에 합당한 분이신지 깊이 생각해 보아야 한다. 그는 "모든 하늘 위에 오르신" 높은 분이시다.[엡 4:10] 하나님의 아들이면서도 아버지와 동등하게 크신 분이시다.

그의 인성도 생각해 보라. 그가 정말로 우리와 같은 육체를 가지셨다는 사실과 인간의 모든 감정을 느끼고 공감하시되 죄는 없다는 사실을 생각해 보라. 그는 우리의 연약함을 느끼고 동정하신다. 가련히 여기고 불쌍히 여기며 구제해 주신다. 우리 일을 자기 일처럼 여겨 주신다. 그뿐 아니라 자신이 얼마나 크며 우리를 사랑하는지 알려 주심으로써 우리가 확신을 가지고 그가 하는 일을 의지하게 하신다. 자신이 상주하면서 직분을 수행하고 계신 은혜의 보좌 앞으로 담대히 나아오도록 재촉하신다. "그러므로 우리에게 큰 대제사장이 계시니 승천하신 이 곧 하나님의 아들 예수시라. 우리가 믿는 도리를 굳게 잡을지어다. 우리에게 있는 대제사장은 우리의 연약함을 동정하지 못하실 이가 아니요 모든 일에 우리와 똑같이 시험을 받으신 이로되 죄는 없으시니라. 그러므로 우리는 긍휼하심을 받고 때를 따라 돕는 은혜를 얻기 위하여 은혜의 보좌 앞에 담대히 나아갈 것이니라."[히 4:14-16]

이 말씀은 첫째로 우리에게 권면하며, 둘째로 그 권면을 진정으로 실천할 때 얻게 될 귀한 유익을 알려 준다. 그 권면이란 바로 은혜의 보좌 앞에 담대히 나아가라는 것이다. "은혜의 보좌 앞에 담대히 나아갈 것이니라." 여기에는 총 다섯 가지 요점이

암시되어 있다.

1. 하나님의 보좌는 하나 이상이다. 아니라면 굳이 "은혜의 보좌"라는 이름을 특정할 필요가 없다. "은혜의 보좌 앞에 담대히 나아갈 것이니라."

2. 경건한 자는 각 보좌를 구별할 수 있다. 본문은 무슨 표지를 보고 어디를 통해 나아가야 하는지 제시해 주지 않는다. 보좌의 이름만 밝히고 실제로 나아가는 일은 성도에게 맡긴다. "은혜의 보좌 앞에 담대히 나아갈 것이니라."

3. 이 권면의 대상은 "우리"다. 여기서 "우리"란 누구일까? 누구한테 나아가라는 것일까? "그러므로 우리는……."

4. 은혜의 보좌 앞에는 휘장을 지나, 담대히, 확신을 가지고 나아가야 한다. "은혜의 보좌 앞에 담대히 나아갈 것이니라."

5. 이 권면에는 이중의 동기가 있다. 첫 번째 동기는 우리에게 있는 큰 대제사장이 우리 연약함을 동정하지 못하실 이가 아니라는 것이다. "은혜의 보좌 앞에 담대히 나아갈 것이니라." 두 번째 동기는 반드시 그리로 달려가야 할 필요성이 우리에게 있다는 것이다. "긍휼하심을 받고 때를 따라 돕는 은혜를 얻기 위하여……나아갈 것이니라."

하나님의 도우심을 받아 이 요점들을 차례차례 다루어 보겠다.

chapter 01

하나님의 보좌는 하나 이상이다

하나님의 보좌는 하나 이상이다. 하늘에도 있고 땅에도 있다. "여호와의 보좌는 하늘에 있음이여."시 11:4 "그때에 예루살렘이 그들에게 여호와의 보좌라 일컬음이 되며."렘 3:17 하나님은 천사들도 다스리시고 자신의 교회에서도 다스리신다. "하나님이 야곱 중에서 다스리심을 땅끝까지 알게 하소서."시 59:13 그렇다. 세상의 군왕들과 큰 자들 가운데 그 위엄의 자리가 있고 보좌가 있다. 하나님이 "그들 가운데에서 재판하"시며 다스리신다.시 82:1

이처럼 아버지가 앉아 계신 보좌도 있고, 신실하게 승리한 모든 그리스도인에게 상을 주기 위해 그리스도가 앉아 계신 보좌도 있다. "이기는 그에게는 내가 내 보좌에 함께 앉게 하여 주기를 내가 이기고 아버지 보좌에 함께 앉은 것과 같이 하리라."계 3:21 또한 주의 크고 영화로운 날에 하나님이 그리스도를 통해 온 세상에 마지막 최종 선고를 내리실 심판의 보좌도 있는데, 이 심판을 면할 길은 전혀 없다. 신약성경이 말하는 보좌, 그리스도가 "영광의 보좌"와 "크고 흰 보좌"라고 칭하신 보좌가 바로 이것이다.^{마 25:31, 계 20:11} 그가 이 보좌에 앉으실 때, 그와 화목하게 되지 못한 자들은 너무나도 두려워 감히 그 앞에 서지 못할 것이다.

이런 주의를 주어도 무방한 것은, 하나님께 나아가 아무렇게나 임의로 말하면 안 된다는 사실을 부주의한 그리스도인들에게 알릴 필요가 있기 때문이다. 하나님께 나아가 은택을 얻으려면 다름 아닌 은혜의 보좌를 찾아가 거기 계신 하나님께 기도해야 한다. 은혜의 보좌가 아닌 다른 데서는 긍휼과 은혜의 하나님을 만날 수가 없기 때문이다. 이 보좌는 성소 안에 있다. 성소 밖의 하나님은 인자들에게 은혜를 베풀 수 없는 두려운 분이시다. 그가 마지막 날 심판의 보좌에 앉으시면 더 이상 세상의 비참함이나 눈물에 마음이 동해 일하지 않으실 것이며 최소한의 슬픔조차 덜어 주지 않으실 것이다.

자기가 생각하는 하나님의 자리, 자기 마음에 드는 하나님 앞에 나아가는 자는 은혜를 얻지 못한다. 어떤 특별한 은혜도 얻지 못한다. 은혜의 보좌에 앉아 계신 하나님께 나아가야 은혜를 얻는다. 그러므로 기도하는 자는 반드시 은혜의 보좌를 찾아야 하며 거기 계신 하나님께 나아가야 한다. "그러므로 우리는 긍휼하심을 받고 때를 따라 돕는 은혜를 얻기 위하여 은혜의 보좌 앞에 담대히 나아갈 것이니라."

미신에 빠진 그릇된 불신자는 이 점을 생각지 않는다. 말씀의

지도를 따르지 않고 자기 머리에 떠오르는 대로 말하는 탓에 아무것도 얻지 못한다. 육신적인 자에게 누구한테 기도하느냐고 물으면 하나님께 기도한다고 할 것이다. 하나님이 어디 계시느냐고 물으면 하늘에 계신다고 할 것이다. 그 하나님에 대해 어떤 생각과 개념을 가지고 있는지 물으면 몇 가지 일반적인 대답을 내놓기도 할 것이다. 그러나 그의 영혼은 은혜의 보좌 앞에 담대히 나아가라는 사도의 명을 따라 거기 계신 하나님께 나아가지 못한다. 단지 왔다 갔다만 할 뿐이며 아무 유익 없이 돌아설 뿐이다. 애써 말만 하고 수고만 할 뿐이다.

하나님께 나아갈 때 가장 중요한 일은 자신이 지금 어떤 하나님께 나아가고 있는지, 긍휼과 은혜의 하나님을 어디서 어떻게 찾을 수 있는지 올바로 아는 것이다. 긍휼과 은혜를 얻으려면 은혜의 보좌에 계신 하나님께 나아가야 한다.

chapter 02

경건한 자는 보좌를 구별할 수 있다

이제 두 번째 요점, 즉 경건한 자는 보좌를 구별할 수 있다는 요점을 다루어 보겠다. 내가 이런 생각을 하는 것은, 앞서 말한 대로 본문이 어떤 표지를 보고 어디를 통해 은혜의 보좌로 나아가야 하는지 제시해 주지 않기 때문이다. "은혜의 보좌"라는 이름만 밝히고 실제로 나아가는 일은 성도에게 맡긴다. "은혜의 보좌 앞에 담대히 나아갈 것이니라." 우리는 이 주제를 두 부분으로 나누어 살펴볼 것이다. 첫째는 은혜의 보좌가 있다는 것이고, 둘째는 은혜의 보좌와 다른 모든 보좌들을 구별할 줄 아는 것이야말로 경건한 자의 특권이라는 것이다.

1. 은혜의 보좌가 있다

본문이 이렇게 말하니 이것은 틀림없는 사실이다. 또 한 가지 틀림없는 사실은 구약성경에 자주 나오는 "시은좌 곧 은혜의 자리"가 그 예표와 그림자와 모형이라는 것이다.출 25:22 난외주 "자리"와 "보좌"라는 표현의 차이가 이 사실을 흔들지는 못한다. 일반적으로 모형이나 그림자보다 본체에 더 영광스러운 표현을 쓰는 법이다. 하늘에 있는 본체가 그것을 재현하는 그림자보다 훨씬 더 뛰어나기 때문이다. 양이나 수소나 황소나 송아지를 감히 그리스도께 비하겠는가? 짐승의 피를 감히 그리스도의 피에 비하겠는가? 가나안에 세워진 예루살렘을 하늘에서 내려올 새 예루살렘에 비하겠는가? 그러니 구약에서 하급의 표현을 쓴 것에 놀라지 말라. 최고의 표현은 가장 온전하고 적합한 대상을 위해 아껴 둔 것이다.

은혜의 보좌를 구체적으로 설명하고 그 보좌를 알아볼 방법을 알려 주기 전에, 이 표현 자체를 좀 더 다루면서 여기에 내포된 의미를 짧게 밝혀 보겠다.

(1) 우리는 **은혜**라는 말을 '하나님의 자유롭고 주권적이며 선한 의향'이라는 뜻으로 이해해야 한다. 하나님은 그리스도 안에서 자기 백성을 은혜로 대해 주신다. 이처럼 긍휼과 은혜는 각기 다른 의미를 가지고 있다. 긍휼mercy은 비참하고 무력한 상태에 있는 대상을 향해 무한히 넘쳐흐르는 연민과 동정이다. 그러나 은혜grace는 하나님이 자유로운 행위자로서 베푸시는 것, 피조물의 비참함에서 촉발되는 것이 아니라 군주이신 하나님 자신의 마음에서 비롯되는 것이다.

홍수로 멸망한 옛 세상이나 하늘에서 떨어진 불에 타 버린 소돔에는 불쌍한 사람이 없었을까? 우리가 생각하기에는 틀림없이 많았을 것이다. 그러나 은혜를 입은 자는 노아 한 사람뿐이었다. 그가 남들보다 나았기 때문이 아니라 하나님이 은혜로운 군주로서 그를 대해 주시고 자신의 주권적인 뜻과 의향에 따라 긍휼을 베푸셨기 때문이었다.

이 은혜는 처음보다 나중에 더 온전히 나타났다. 그래서 처음에는 속죄소를 여기 나오듯이 "은혜의 보좌"라고 부르지 않고 "시은좌 곧 은혜의 자리"라고 부른 것이다. 하지만 이 말에도 큰 영광이 담겨 있다. 이 말은 하나님이 인간을 동정하신다는 것, 여기야말로 하나님의 영구한 안식처라는 것, 당장은 교회를 녹로에 올려놓고 험하고 모질게 다루시더라도 결국은 여기로 물러나 앉아 거하신다는 것을 보여준다.렘 18:1-10 그렇다. "자리"는 쉬는 곳이다. 쉬기 위해 마련된 곳이다. 그런데 그 자리의 이름이 "은혜"라는 사실은, 이미 말한 대로 세상의 녹로에서 온갖 일이 벌어지고 더없이 두렵고 놀랄 일들이 벌어지더라도 하나님의 교회는 결국 은혜를 얻게 된다는 것과 여기가 하나님의 안식처이기에 그렇다는 것을 보여준다.

에스겔서에서 볼 수 있듯이, 그래서 하나님이 음녀가 된 교회를 심히 위협하고 벌하신 후에 "그리한즉 나는 네게 대한 내 분노가 그치며 내 질투가 네게서 떠나고 마음이 평안하여 다시는 노하지 아니하리라"고 하신 것이다.겔 16:42 그리고 또 다시 동일한 백성에게 임할 동일한 형벌을 말씀하신 후에 "그러나 내가 너의 어렸을 때에 너와 세운 언약을 기억하고 너와 영원한 언약

을 세우리라"고 하시고 "내가 네게 내 언약을 세워 내가 여호와
인 줄 네가 알게 하리니 이는 내가 네 모든 행한 일을 용서한 후
에 네가 기억하고 놀라고 부끄러워서 다시는 입을 열지 못하게
하려 함이니라. 주 여호와의 말씀이니라"고 하신 것이다.겔 16:60,
62-63 이 구절들을 비롯한 성경의 많은 구절들이 긍휼이야말로
하나님의 안식처로서 하나님은 결국 여기로 물러나 자기 교회
와 백성에게 복을 주신다는 것을 확인해 준다.

그러나 "보좌" 또는 "은혜의 보좌"라는 말에는 더 뛰어난 영
광이 담겨 있다. "은혜"라는 말이 지존하신 주께서 자신의 선의
에 따라 자신이 원하시는 대로 자유로이 베푸시는 주권을 보여
준다는 점에서도 그렇지만, 이 자리에서는 은혜가 왕 노릇 한다
고 말씀하신다는 점에서도 그렇다. 보좌는 안식처일 뿐 아니라
위엄과 권위의 자리다. 이것은 누구나 아는 사실이다. "보좌" 또
는 "은혜의 보좌"라는 말에는 하나님이 은혜로 다스리시며 통치
하신다는 의미가 담겨 있다. 그는 당연히 은혜로 다스리실 수 있
다. "은혜도 또한 의로 말미암아 왕 노릇 하여 우리 주 예수 그리
스도로 말미암아 영생에 이르게 하려 함이라."롬 5:21 본문이 "은
혜의 보좌"라는 표현으로 밝히려는 바는 은혜가 죄와 사탄과 죽
음과 지옥을 반드시 복종시킨다는 것이다. 그것들은 쇠약해지고
멸망할 것이며 은혜가 생명이자 절대군주로서 전부 다스리고
무릎 꿇린다는 것이다. 은혜의 보좌!

하나님은 이처럼 자신이 은혜를 통치방식으로 정하셨다는 사
실과 죄를 최고의 적으로 지목하셨다는 사실을 분명하게 선포

하신다. 그렇다면 "죄가 더한 곳에 은혜가 더욱 넘"치는 것이 당연하다.롬 5:20 반역하는 적들의 공격에 맞설 힘을 키우는 데 가장 중요한 것은 자신이 무엇의 지배 아래 있는지 아는 지혜와 분별력이다. 그래서 하나님은 다시 말씀하신다. "죄가 너희를 주장[지배]하지 못하리니 이는 너희가 법 아래에 있지 아니하고 은혜 아래에 있음이라."롬 6:14 죄도 우리를 지배하려 들고 은혜도 우리를 지배하려 든다. 그러나 교회 안 경건한 자들 가운데는 죄의 보좌가 없다. 은혜가 왕이다. 은혜가 보좌를 차지하고 있다. 죄가 아닌 하나님의 은혜가 하나님의 백성을 지배하고 있다. 이 본문이 도움을 얻기 위해 은혜의 보좌 앞에 담대히 나아가라고 말하면서 암묵적으로 명하는 바는 이 은혜의 지배를 인정하라는 것이다. "긍휼하심을 받고 때를 따라 돕는 은혜를 얻기 위하여 은혜의 보좌 앞에 담대히 나아갈 것이니라."

한 나라의 백성이 원수의 공격으로부터 자신을 지켜 줄 도움과 원조를 왕의 손과 권력에서 얻듯이 하나님 백성은 자기 도움과 건강을 은혜의 보좌 곧 은혜의 통치에서 얻는다. 그래서 선지자가 "영화로우신 보좌여, 시작부터 높이 계시며 우리의 성소이시며"라고 말한 것이다.렘 17:12 성도는 울부짖는 마귀와 사나운 정욕과 성난 악인을 피해 이리로 숨는다. 또한 크게 주목해야 할 구절은 이것이다. "다시 우리를 불쌍히 여기셔서 우리의 죄악을 발로 밟으시고 우리의 모든 죄를 깊은 바다에 던지시리이다."미 7:18 미가 선지자는 긍휼을 베푸는 데서 위안을 찾으시며 백성을 구원하는 데서 즐거움을 찾으시는 하나님, 그 누구와도 비교할 수 없는 하나님에 대해 이야기한다. "주와 같은 신이 어디 있으리이까. 주께서는 죄악과 그 기업에 남은 자의 허물을 사유하시며 인애를 기뻐하시므로 진노를 오래 품지 아니하시나이다."[미 7:18]

이처럼 긍휼과 은혜가 보좌에 올라 통치하고 있다. 이 긍휼과 은혜가 반드시 만물을 정복할 것이다. 그렇다. 정복하고 함성을 지를 것이다. "긍휼은 심판을 이기고 자랑하느니라."[약 2:13] 탕자의 비유에 더 온전히 나타나듯이[눅 15:11-32] 긍휼은 죄를 이기고 자랑할 것이며 죄인들을 하나님과 그의 구원 앞에 굴복시킬 것이다.

(2) 이제 이 말들의 성격과 여기에 필연적으로 내포된 몇 가지 의미를 간단하게 밝혀 보겠다. 우리가 다룰 것은 **이 말에서 추론할 수 있는 사실들**이다. 이 말에서 아주 확실하게 추론할 수 있는 사실은 비록 회심한 자라 할지라도 모든 의미, 모든 측면에서 죄로부터 자유롭지는 못하다는 것이다. 자유롭다면 굳이 도움을 얻기 위해 은혜의 보좌로 나아갈 필요가 없다. 경건한 자들도 죄를 짓기에 하나님께 이 은혜가 있는 것이며, 죄가 보좌에 올라 하나님의 자녀들을 통치하고 지배하려 들기에 은혜가 보좌에 앉아 통치하는 것이다. "죄가 너희 죽을 몸을 지배하지 못하게 하여 몸의 사욕에 순종하지 말고"라는 구절만 보아도 분명히 알 수 있다.[롬 6:12] 본문이 알려 주듯이 죄의 지배를 막는 유일한 방법은 은혜의 보좌 앞에 나아가 도움을 청하는 것뿐이다.

또한 본문은 세상에서 가장 경건한 자라도 자기 속에 거하는 죄로 인해 위태로울 때가 있음을 암시한다. 그렇다. 하늘에 있는 은혜의 보좌에 도움을 간청하지 않는 한 넘어지지 않을 도리가 없을 만큼 아주 위태로울 때가 있다. 본문에서 말하는 "때"란 바로 그런 때를 가리킨다. 다윗의 집 문을 두드렸던 "행인"이 우리 집 문도 두드리는 때,삼하 12:4 사탄이 베드로를 까불렀던 체로 우리도 까부르는 때,눅 22:31 바울을 쳤던 주먹으로 우리도 치고 바울의 육체를 찔렀던 가시로 우리도 찌르는 때가 있다.고후 12:7-8 그런데 왜, 어째서 경건한 자들이 이처럼 위태로워지는 것일까? 그 안 곧 그 육체 안에 선한 것이 없기 때문이다. 그래서 마귀와 그의 제안에 솔깃해져 영혼이 아주 쉽게 뒤집혀 버린다. 그러나 우리 앞에는 은혜의 보좌가 있다. 다윗의 말처럼 그리로 "항상 피하여"야 한다.시 71:3 이것만이 안심할 수 있는 길이요 때를 따라 돕는 은혜를 얻을 수 있는 길이다.

그리스도인이 금세라도 넘어질 것 같은 긴박한 위험에 처할 때가 있듯이 아예 넘어져 쓰러져 버릴 때, 너무 심하게 넘어져 도저히 혼자 일어설 수 없을 때도 있다. 이 권면의 지시를 진지하게 따르는 일에 태만해진 탓에 그런 것이요 보좌 앞에서 계속 간구함으로 은혜를 지키지 못한 탓에 그런 것이다. 본문의 제안을 따랐다면 확실히 그렇게까지 넘어지지 않았을 것이며 때를 따라 돕는 은혜를 얻었을 것이다. 이런 자들은 이사야서에 나오는 죄를 지은 것이다. "그러나 야곱아, 너는 나를 부르지 아니하였고 이스라엘아, 너는 나를 괴롭게 여겼으며."사 43:22 그래서 그들을 욕되게 하시고 비방거리가 되게 하신 것이다.사 43:28

금세라도 넘어질 듯한 자들이 은혜의 보좌 앞에 나아감으로 넘어지지 않듯이 이미 넘어진 자들도 은혜의 보좌에서 내미시는 사랑의 홀을 붙잡고 일어서야 한다. 사람은 죄를 짓고 넘어질 수 있으며 돕는 은혜 없이는 혼자 일어설 수 없다. 그러므로 은혜의 보좌를 더 철저히 알고자 애쓰는 것이 유익하다. 이 보좌를 잘 알수록 도움을 얻고 그 힘으로 일어설 것이기 때문이다. 그러므로 나는 은혜의 보좌에 대해 더 자세히 기술하면서, 경건한 자가 어떻게 이 보좌와 하나님의 다른 보좌들을 구별하는지 설명하고 그 구별법을 밝히고자 한다.

(3) **은혜의 보좌**는 예수 그리스도의 인성 또는 마음과 영혼으로서, 하나님은 영원히 거기에 앉아 쉬시며 자신을 믿는 자들에게 사랑을 베푸신다. 그리스도가 육신의 몸으로 하신 일로 인해 그들은 아버지와 화목케 된다. "내가 또 다윗의 집의 열쇠를 그의 어깨에 두리니 그가 열면 닫을 자가 없겠고 닫으면 열 자가 없으리라. 못이 단단한 곳에 박힘같이 그를 견고하게 하리니 그가 그의 아버지 집에 영광의 보좌가 될 것이요."[사 22:22-23] 그는 "아버지 집에—아버지 집으로 통하는—영광의 보좌"로서 믿는 자들은 이 보좌를 거쳐 아버지께 나아간다. 항상 이 보좌에서 아버지를 만난다. 또 다른 성경에 나오듯이 하나님은 그리스도 안에서 세상을 자기와 화목하게 하시며 죄와 허물을 그들에게 돌리지 않으신다.[고후 5:19] 그리스도에게서 인간 본성을 배제해 버리면 하늘에서나 땅에서나 은혜의 보좌와 같은 곳을 찾을 수 없게 되고 하나님의 안식처를 찾을 수 없게 된다. 하나님이 친히 그에게 "이는 내 사랑하는 아들이요 내 기뻐하는 자라"고 하셨다.[마 3:17] 다른 이들에게는 이렇게 말씀하지 않으셨다. 그러므로 그 안

에서, 오직 그 안에서만 쉬시는 것이다.

그뿐 아니라 하나님은 정의롭지 못한 방식으로 우리에게 은혜를 베푸실 수가 없다. 율법과 죄가 가로막고 있기 때문이다.^{창 3:24} 그리스도에게서 인간 본성을 배제해 버리면 대체 어디서 인간의 죄에 요구되는 정의에 부합하는 제물, 하나님의 용서와 은혜의 정의로운 통치를 공히 받게 해줄 제물을 찾을 수 있겠는가? 은혜의 공의롭고 정의로운 통치는 오직 예수 그리스도로 말미암아 가능하다. 다른 길은 없다. 그래서 그리스도 예수가 은혜의 보좌이신 것이다. 그로 말미암아 은혜가 하나님의 자녀들을 통치하게 되었다.^{롬 5:21}

성경이 여기에 비추어 주는 작은 빛이 또 하나 있다. "내가 또 보니 보좌와 네 생물과 장로들 사이에 한 어린양이 서 있는데 일찍이 죽임을 당한 것 같더라."^{계 5:6} 이 구절은 하나님이 우리에게 값없이 은혜를 베푸시는 이유를 알려 준다. 일찍이 죽임을 당하신 어린양, 우리 죄를 위해 제물이 되신 어린양이 보좌와 장로들 사이에 서 계시기 때문인 것이다. 일찍이 죽임을 당하셨고 지금 살아서 보좌 가운데 계신 어린양이야말로 우리가 누리는 모든 은혜의 공로자시다.

이 구절만 보면 어린양과 보좌가 별개인 것 같지만, 그리스도는 하나님의 어린양인 동시에 보좌시다. 어린양 또는 제물이기만 하신 것이 아니라 자신의 제사로 은혜가 강물처럼 세상으로 흘러나가게 만든 보좌시다. 하나님의 아들 예수 그리스도야말로 **전부**시다. 보좌이면서 제단이시요 제사장이면서 제물이시다.

그 모든 것이다. 그가 보좌와 제사장과 제단과 제물로서 지니시는 비중은 각기 다르다. 보좌보다 제사장으로서 비중이 더 크고, 제사장보다 제물로서 비중이 더 크며, 제물보다 제단으로서 비중이 더 크다. 그럼에도 그는 참으로 이 모든 것이다. 그가 없으면 은혜의 보좌도 없고 대제사장도 없고 화목제물도 없다. 이 글 전체의 결론에 이르기 전, 이 모든 것에 대해 좀 더 이야기할 수 있을 것이다. 지금 내 결론은 인간 본성을 지니신 그리스도 예수야말로 이 은혜의 보좌시라는 것이다. 그렇다. 그는 인간 본성을 지니신 자로서 인간에게 은혜가 임할 길을 여는 데 필요한 모든 일을 완수하셨다. 그는 하나님의 안식처이실 뿐 아니라 은혜가 그 위에서, 그로 말미암아, 그로부터 마귀와 죽음과 죄와 지옥과 무덤을 영원히 통치하는 영광의 보좌시다.

그리스도의 인간 본성은 하나님의 장막이라고 불리기도 하는데, 신성의 모든 충만이 육체로 그 안에 거하기 때문에 그렇다.골 2:9 그의 인간 본성이야말로 하나님의 처소이자 거처이자 왕좌이자 보좌다. 하나님은 그의 인간 본성 안에서, 그 본성을 가지고 모든 일을 하시며 그 본성을 떠나서는 아무 일도 하지 않으신다.

이제 다음 주제로 넘어가 보자.

(4) 이 은혜의 보좌가 있는 장소, 세워진 곳을 알아보려면 앞서 나온 "시은좌"라는 예표로 돌아가야 한다. 시은좌가 바깥뜰이나 첫째 휘장 안에 없다는 것은 세상이나 지상의 교회에 없다는 뜻이다.히 9:3-5 시은좌는 둘째 휘장 곧 그리스도의 육체 너머 지성소에 있다.히 10:20 이 아래 땅에는 은혜의 보좌가 없다. 하나님의 보

좌, 은혜의 보좌가 지성소에 있다는 말은 이 보좌가 가장 높고 존귀하다는 뜻이다. 그래서 그리스도가 모든 하늘 위에 높으시며 모든 이름 위에 뛰어난 이름을 가지셨다고 말하는 것이다.

그러므로 은혜의 보좌 앞에 나아가는 자는 나아가는 방법을 반드시 알아야 한다. 즉, 몸으로 나아가는 것이 아니라 마음으로 달려가야 한다. 혼자 나아가는 것이 아니라 제사장을 힘입어, 대제사장을 힘입어 나아가야 한다. 예표인 시은좌에 나아갈 때도 그랬다.[히 9:7] 대제사장 홀로 시은좌가 있는 둘째 장막 안에 들어갔고 백성은 자신들을 위해 중보하는 그를 힘입어 나아갔다. 은혜의 보좌에 나아갈 때도 그래야 한다. 그리스도 **안에** 좌정해 계신 하나님께 나아가야 한다. 교회의 대제사장이신 그리스도를 **힘입어** 나아가야 한다. 그를 힘입어 지성소에 계신 하나님께 나아가야 한다.

은혜의 보좌는 세상이나 지상의 교회가 아닌 지성소 안에, 그것도 증거궤 위에 있다. 시은좌도 그랬다. 지성소 안 증거궤 위에 있었다.[신 10:1-5, 왕상 8:9, 대하 5:10] 증거궤! 그것이 무엇이었을까? 율법의 자리, 즉 율법을 보관한 궤였다. 여기서 "증거"란 율법을 가리키는 말로서 이 율법을 넣은 궤를 지성소 안에 두고 모세의 명령에 따라 그 위에 시은좌를 얹었다. 하나님이 친히 궤를 만들게 하셨고 시은좌도 만들게 하셨다. 그 궤의 이름이 바로 "증거궤"였다. "속죄소[시은좌]를 궤 위에 얹고 내가 네게 줄 증거판—율법—을 궤 속에 넣으라. 거기서 내가 너와 만나고 속죄소 위 곧 증거궤 위에 있는 두 그룹—"속죄소를 덮는 영광의 그룹들"[히

⁹:⁵ —사이에서 내가 이스라엘 자손을 위하여 네게 명령할 모든 일을 네게 이르리라." 출 25:16-22

이처럼 하나님이 정하신 옛 예표들은 지금 우리가 예배할 때 유의할 점들을 알려 준다. 하나님은 궤를 만든 후 율법이 기록된 두 돌판을 그 안에 보관하게 하셨다.신 10:2-5 돌판이 담긴 궤를 지성소에 두고 그 위에 시은좌를 얹게 하셨다. 내 생각에 성령이 이로써 가리키시는 바는 보좌에 앉은 은혜가 율법 위에 있고 율법보다 높다는 것이다. 그렇기에 율법이 무슨 선고를 내리든지 은혜가 그에 앞서 다스린다는 것이다.

자, 은혜는 보좌가 있지만 율법은 없다. 율법은 보좌를 고소하는 대신 의롭고 옳다고 인정한다. 모든 인간을 정죄하되 인간으로서 은혜의 보좌가 되신 그리스도는 제외한다. 자, 율법은 그리스도를 정죄하는 대신 승인하며 그가 하신 모든 일에 만족한다. 그렇다. 여기서 볼 수 있듯이, 그를 은혜의 보좌로 인정하며 자신보다 높이 떠받든다. 율법의 주인께서 지혜와 거룩함으로 정하셨기에 그렇게 하지 않을 수가 없다. 이 하나님의 보좌, 은혜의 보좌가 증거궤 위에 있다. 하나님과 그의 은혜가 보좌에 앉아 통치하면서 죄인들로 그 앞에 나와 은혜와 긍휼을 구하게 한다.

그런데 그 전에 먼저 죄인들은 물두멍에서 씻어야 한다. 이 점에 대해서는 곧 자세히 살펴보겠다.

(5) **이렇게 위치를 정하신 하나님의 지혜**—율법과 그리스도, 증거궤와 시은좌 곧 은혜의 보좌를 이토록 가까이 두신 지혜—를 보라. 이것은 확실히 지혜로운 처사로서 그 이유는 다음과 같다.

은혜의 보좌에 다가갈 때 우리는 자신이 죄인임을 상기하며—"율법으로는 죄를 깨달음이니라"[3:20]—모든 육체를 정죄하는 두 돌판이 든 궤를 눈앞에서 보게 된다. 그렇다. 전체를 보려면 그것부터 보아야 한다. 바로 그 위에 시은좌 곧 은혜의 보좌가 있기 때문이다. 하나님과 은혜의 보좌 앞에 나아가는 자들은 이것을 보면서 긍휼을 구하게 된다. 즉, 율법 앞에서 자기 실상과 죄를 새삼 상기하며 새로운 은혜의 공급이 얼마나 필요한지 깨닫는 것이다. 물두멍과 받침을 회막 문에서 수종드는 여인들의 거울로 만든 데는 그리로 씻으러 가는 자들 스스로 자기 더러움을 비추어 보게 하려는 의도가 있었다고 생각한다.[출 38:8] 보다시피 하나님은 율법을 시은좌와 함께—그러나 그 아래—두심으로써 은혜의 보좌 앞에 긍휼을 구하러 나아가는 자들 스스로 자신이 죄인임을 더욱 유념할 수 있게 하셨다.

이때 기도할 마음이 솟구치면서 더 열렬한 심령으로 은혜의 보좌 앞에 나아가게 된다. 왕의 긍휼을 구하는 자의 눈에 처형당할 도끼와 밧줄이 보이면 은혜를 간청할 마음이 솟구치면서 더 겸손하고 열렬하게 왕의 선처를 애원하게 되는 법이다. 그러나 보라, 그 위에 시은좌가 있다. 증거판이 담긴 궤 위에 시은좌가 있다. 그 보좌를 바라보며 우리는 선을 베풀어 주시길 구할 용기를 얻는다. 법이 있지만, 우리가 나아가는 지성소 안에 율법이 있지만, 그 위에 우리가 바라보고 기도를 올릴 시은좌 곧 승리한 은혜의 보좌가 있음을 알라. 그러니 궤와 증거판이 있어도 담대히 은혜의 보좌 앞에 나아가자. 은혜가 이토록 가까이 있기에 율법은 우리를 해치지 못한다. 그뿐 아니라 하나님이 친히 우리에게 죄 사함과 은혜와 어려운 때 필요한 도움을 주기 위해 율법 안이 아닌 율법 위 은혜의 보좌에 앉아 계신다.

이를 알면 골방에서 기도하는 자의 실제 위치를 알 수 있다. 기도할 때 심히 낙심되는가? 내 말을 들어 보라. 당신은 은혜의 보좌에서 멀리 있지 않다. 당신이 낙심한 것은 궤를 들여다본 탓이다. 궤를 들여다보면 죽는다.삼하 6:9 실제로 가까이 다가가 궤 안의 증거판을 읽고 자기 죄를 깨달았다면, 이제 눈을 조금만 더 높이 들어서 보라. 당신이 나아가 구원을 얻을 시은좌 곧 은혜의 보좌가 거기 있다. 하나님께 나아간 다윗은 "내가 주께 기도하고 바라리이다"라고 했다.시 5:3 마치 '내 기도를 향해 이렇게 말하리라. 오, 내 기도여, 위로 올라가라. 율법과 정죄가 있는 증거궤에 머물지 마라. 하나님이 계시고 은혜가 펼쳐져 있는 저 위 보좌, 때에 따라 돕는 은혜를 얻을 수 있는 저 위 보좌로 날아올라가라'고 말하는 듯하다.

실제로 이 말의 의미를 모르는 자들이 있다. 그들은 무릎을 꿇고 기도할 때 증거판에서 자기 죄와 그에 대한 정죄를 읽어 본 적이 없기에 자기 실상에 낙심하지도 않고 도움을 얻기 위해 더 높이 바라보아야겠다는 절실함을 느끼지도 못한다. 사실상 어떤 필요도 깨닫지 못한다. 그런 자들은 이 본문에 관심도 없고, 여기까지 따라올 수도 없으며, 이 글을 맺기 전에 드러나겠지만 따라올 마음 자체가 없다.

2. 경건한 자는 어떻게 은혜의 보좌와 다른 보좌들을 구별할까?

이제 어떻게 은혜의 보좌를 찾아야 하며 언제 그리로 나아가야 하는지 밝혀 보겠다.

(1) 은혜의 보좌에는 **무지개**가 둘려 있다. "무지개가 있어 보좌에 둘렸는데 그 모양이 녹보석 같더라."계4:3 요한이 일곱 교회에 써 보낼 말씀을 들은 후에 처음 본 광경이 이것이었다. 그 말씀을 듣기 전, 그는 주님에 대한 큰 이상을 보았고 "나는 처음이요 마지막이니 곧 살아 있는 자라. 내가 전에 죽었었노라. 볼지어다, 이제 세세토록 살아 있어 사망과 음부의 열쇠를 가졌노니"라는 음성을 들었다.계1:17-18 그것은 이제부터 그가 해야 할 일을 준비시키기에 좋은 방법이었다. 요한은 주께서 증언하게 하신 진리를 더 뜨겁게, 감정을 다해, 확신을 가지고 전할 수 있었다. 그는 장차 일어날 일에 대한 예언을 시작하기 전에 첫 음성을 들었고 첫 광경을 보았다. 그 첫 음성은 "이리로 올라오라"는 것이었고, 첫 광경은 무지개가 보좌에 둘려 있는 것이었다. 그는 이렇게 말한다. "내가 곧 성령에 감동되었더니 보라, 하늘에 보좌를 베풀었고 그 보좌 위에 앉으신 이가 있는데 앉으신 이의 모양이 벽옥과 홍보석 같고 또 무지개가 있어 보좌에 둘렸는데 그 모양이 녹보석 같더라."계4:1-3

하나님의 말씀인 성경이 무지개를 맨 처음 언급하며 밝히는 영적인 의미는 하나님이 노아에게 주신 언약, 즉 홍수로 다시는 땅을 멸하지 않겠다는 확고한 언약의 증표라는 것이다. 그는 말씀하신다. "내가 내 무지개를 구름 속에 두었나니 이것이 나와 세상 사이의 언약의 증거[증표]니라. 내가 구름으로 땅을 덮을 때에 무지개가 구름 속에 나타나면 내가 나와 너희와 및 육체를 가진 모든 생물 사이의 내 언약을 기억하리니 다시는 물이 모든 육체를 멸하는 홍수가 되지 아니할지라."창 9:13-15 이처럼 무지개의 첫 번째 용도는 세상에 긍휼과 인자를 베푸시겠다는 언약의 증표가 되는 것이었다. 그러나 그것이 최대 목적은 아니었다. 그 언약은 하나님이 그리스도 안에서 택한 자들과 맺으실 은혜 언약의 그림자에 불과했고, 무지개 또한 은혜 언약의 영원성과 영속성을 나타내는 그림자에 불과했다.

다음으로 무지개가 나오는 에스겔서 1장이 그 뛰어난 광채만 언급하는 이유가 여기 있다. 선지자는 자기가 본 보좌에 앉으신 이의 영광의 광채가 마치 무지개 같았다고 말한다.28절 그 영광은 곧 제사장의 예복을 가리킨다. 그는 제사장으로서 보좌 위에 앉아 계시며 자신의 영광과 아름다움에 합당한 예복을 입고 계신다.겔 6:13 그의 복된 의가 아니라면 무엇이 그의 예복이겠는가? 그는 그 의의 옷자락으로 죄로 가득한 백성의 벌거벗은 몸을 덮어 주시며 그 의의 완전함으로 그들을 꾸미고 단장하여 "신부가 자기 보석으로 단장함 같게" 하신다.출 28:2, 겔 16:8, 사 61:10

세 번째로 계시록에 보좌 곧 은혜의 보좌에 둘린 무지개가 나온다. 무지개—언약의 증표, 영속하는 은혜 언약의 증표—는 그리스도가 지니신 "사람의 모양"이다. 그의 예복, 그의 의, "그 허리 위의 모양"이자 "그 허리 아래의 모양"이다.겔 1:26-27 계시록은 발까지 다 보여준다.계 1:13 "그 사방 광채의 모양은 비 오는 날 구름에 있는 무지개 같으니 이는 여호와의 영광의 형상의 모양이라."젤 1:28 요점은 하나님이 백성의 간구를 듣고 응답하고자 앉아 계신 보좌에 둘린 무지개를 예수 그리스도의 의―그가 육신으로 계실 때 백성을 위해 성취하고 완성하신 순종의 의―로 이해해야 한다는 것이다. 그 의가 하나님의 공의를 만족시키고 백성을 의롭게 하여 하나님이 받으실 만한 존재로 만들어 주었다. 우리 눈에 빛나 보이는 구름 속 무지개보다 하나님 눈에 더 영광스럽게 빛나 보이는 의가 보좌에 둘려 있다고 요한은 말한다.

그런데 그 목적이 무엇일까? 자, 보라는 것이다. 누가 보라는 것일까? 하나님과 백성이 다 보라는 것이다. 백성은 기도하러 나아갈 때 보아야 하고 하나님은 그 기도를 듣고 응답할 때 보셔야 한다. 그는 말씀하신다. "무지개가 구름 사이에 있으리니 내가 보고 나 하나님과 모든 육체를 가진 땅의 모든 생물 사이의 영원한 언약을 기억하리라."창 9:16 자, 이 무지개를 하나님도 보셔야 하고 우리도 보아야 한다. 보좌에 둘린 무지개는 눈에 보이는 것이었다. 누구 눈에 보였는가? 요한과 그 일행의 눈에 녹보석 모양으로 보였다.

성경은 솔로몬이 상아로 큰 보좌를 만들었는데 다른 어떤 나라에도 그런 보좌가 없었다고 말한다. 그는 "둥근머리"bow를 앞이 아닌 뒤에 두었다.왕상 10:18-20 오! 그러나 하나님의 보좌에는 무지개bow가 앞에 있다. 가시적으로 눈에 보이게 둘려 있다. 솔로몬의 보좌는 그림자에 불과하므로 뒤에 두는 것이 맞다. 그러나 이 무지개는 본체요 실체이기에 하나님과 백성이 다 볼 수 있도록 가시적으로 앞에 두는 것이 맞다.

이제 당신도 은혜의 보좌에 둘린 무지개를 보았고 그 무지개가 무엇인지 알았다. 그러니 기도하러 나아갈 때 보좌를 바라보라. 헛된 공상에 속지 않도록 무지개도 바라보라. 이미 말한 대로 무지개는 당신의 구주이신 그리스도가 친히 이루신 성과다. 그것을 바라보라. 자, 그의 의를 바라보라. 은혜 언약의 영원성을 보여주는 증표를 바라보라. 하나님이 기뻐하시는 것, 하나님 앞에서 당신의 인격과 행위를 의롭다 해주는 근거를 바라보라. 하나님이 보시듯이 당신도 보라. 그것만 보라.^{시 71:16} 그것을 내버리면 하나님을 기쁘시게 하고 당신을 의롭게 해줄 어떤 것도 천지간에 찾아낼 수가 없다. 믿음이 하나님을 기쁘시게 한다고 말하는 자가 있다면 믿음은 상대적인 은혜라고 대답하겠다. 상대적인 것은 치워 버리라. 우리를 의롭게 해주는 것은 이 반짝이는 예복, 무지개, 그리스도의 의뿐이다. 지금 우리가 다루는 이 주제에서 믿음은 타들어 가는 심지처럼 스러지고 사라진다.

무지개는 그리스도의 의를 나타내기에 아주 알맞은 상징인데, 다음과 같은 점에서 그렇다.

• 무지개는 해가 창공에서 발하는 빛의 결과다. 은혜의 보좌에 둘린 의는 하나님 아들이 행하신 일의 결과다.

• 무지개는 홍수를 보내신 하나님의 진노가 가라앉은 것을 나타내는 증표였다. 하나님은 그리스도의 의를 보고 우리의 모든 허물을 용서하신다.

• 죄를 범한 인간은 구름 속에 있는 무지개를 보면서 일반은

총을 확신했다. 우리는 말씀 속에 나타난 의를 보면서 특별은총을 믿는다.

• 무지개는 구름 속에 때때로 나타난다. 그리스도의 의는 말씀 속에 사이사이 계시된다.

• 무지개는 비온 후 누구나 볼 수 있다. 그리스도의 의는 진노를 이해하는 즉시 믿음으로 이해할 수 있다.

• 무지개는 잘 보이기도 하고 덜 보이기도 한다. 이 의도 믿음의 시력이 얼마나 좋고 선명한지에 따라 잘 보이기도 하고 덜 보이기도 한다.

• 무지개를 통해 보면 관목이든 사람이든 짐승이든 무지갯빛으로 보인다. 하나님이 그리스도의 의를 통해 보시면 죄인도 그 앞에 아름답고 받으실 만한 자로 보인다. 그리스도의 어여쁘심을 통해 어여쁘게 보시고 자신이 "사랑하시는 자" 안에서 받아들여 주신다.^{겔 16:14, 엡 1:6}

다른 요점으로 넘어가기 전에 한마디만 더 하겠다. 보좌에 무지개가 둘려 있다는 말을 여기서 읽었으니 같은 부분을 계속 더 읽어 보면 내가 말한 모든 것보다 훨씬 더 영광스러운 효력들을 발견할 것이다.

(2) 주위에 둘린 무지개뿐 아니라 **그 앞에서 계속 섬기시는 대제사장**을 보고서도 은혜의 보좌임을 알 수 있다. 제사장이신 그리스도가 대제사장 예복을 입고 하나님 앞에 서서 당신을 받아 주시길 계속 간구하고 계신다. 전에 말한 대로 그리스도는 제사장과 보좌를 포함한 전부시다. 어떤 의미에서는 보좌시요 또 다

른 의미에서는 제사장이시다. 그뿐 아니라 우리를 하나님과 화목케 하는 제물이자 제단이시기도 하다.

계시록에서는 천사의 모양을 한 제사장으로, 일곱 천사가 나팔을 불며 하나님이 적그리스도의 세상에 쏟으시는 진노를 알리는 내내 교회까지 거기 삼켜지지 않도록 제단 곁에서 그들을 위해 향을 드리시는 모습으로 묘사된다. 요한은 말한다. "또 다른 천사가 와서 제단 곁에 서서 금향로를 가지고 많은 향을 받았으니 이는 모든 성도의 기도와 합하여 보좌 앞 금 제단에 드리고자 함이라. 향연이 성도의 기도와 함께 천사의 손으로부터 하나님 앞으로 올라가는지라." 계8:1-4

대제사장이 보좌 곧 시은좌 앞에 계신다. 하나님은 향단을 두어 그 위에서 향을 사르게 하셨다. 출30:1-7 예표인 향단에는 금을 입혔다. 그러나 성령이 여기서 보여주시는 향단은 전체가 금으로 되어 있다. 그래서 이 보좌가 시은좌 곧 우리가 나아갈 은혜의 보좌인 것이다. 이 구절이 천사라고 칭하는 대제사장이 금향로와 향을 가지고 우리를 도울 채비를 하고 계신다. 이 구절은 분향 시간에 밖에서 기다리는 모든 성도의 기도와 함께 향을 올리기 위해 그가 거기 계신다는 사실을 암시한다. 눅1:10 우리 화목 제물이신 대제사장 예수 그리스도가 금향로에 향을 가득 담아서, 긍휼하심과 때를 따라 돕는 은혜를 얻기 위해 나아가는 성도의 기도와 합하여 올리기 위해 은혜의 보좌 앞에, 보좌 곁에 서 계신다. 보다시피 그가 천사의 이름으로 거기 계신 것은 하나님 앞의 "사자"요 "언약의 사자"이시기 때문이다. 사63:9, 말3:1

율법에 속한 대제사장이 분향단에 나아가는 방법과 방식은 살펴볼 가치가 있다. 성도를 위해 중보하고자 보좌 앞에 나아가는 자는 대제사장 예복을 입고 장식을 갖추어야 했다. 그래야만 죽음을 면할 수 있었다. 그 주요 장식은 "흉패와 에봇과 겉옷과 반포 속옷과 관과 띠"였다.출 28:4 계시록이 간단히 말하는 "옷"은 1:13 그가 입으신 의와 허리에 힘 있게 띠신 진실과 성실을 전체적으로 가리키는 표현이다.사 11:5, 22:21 또한 그의 가슴에는 진정한 이스라엘 자손의 이름이 있다.요 1:47 아론이 이스라엘 열두 지파의 이름이 있는 흉패를 어깨에 걸고 그 무게를 감당했듯이 그리스도는 우리를 자신의 가슴 위에 두신다.사 22:21

이처럼 우리 대제사장이 금향단 위 곧 보좌 앞에서 향을 올리기 위해 지성소 안에 계신다. 그러므로 은혜의 보좌 앞에 나아가는 자는 그를 찾아야 한다. 그를 찾지 못한 채 하나님만 찾는 것으로 만족하면 안 된다. 덕을 세우기 위해 말하건대, 그리스도 없이는 아무 일도 일어날 수 없다. 제사장 없이는 아무 일도 일어날 수 없다. 그는 보좌시다. 보좌가 없으면 하나님이 우리를 만나실 안식처가 없는 것이다. 또한 그는 제사장이시다. 제사장 없이 하나님께 나아가면 받아 주지 않으신다. 제사장이신 그를 힘입어 드리는 신령한 제사만 기쁘게 받아 주신다.벧전 13:15 "그러므로 우리는 예수로 말미암아 항상 찬송의 제사를 하나님께 드리자."히 13:15 그의 이름으로 자백하고 감사하자. 그리고 더 큰 덕을 세우기 위해 말하건대, 하나님이 그를 택하여 은혜의 보좌로 삼으셨을 뿐 아니라 영원히 거기 계신 제사장으로 받아들일 것을 맹세하셨다는 사실을 숙고하자. 그가 갖추신 육신의 자격은 나중에 다룰 것이다. 그 전까지는 이분 없이 하나님 앞에 나아가면 죽음의 고통을 감수해야 한다는 점만 새겨 두길 바란다.

내가 여기서 "그 머리 위 무지개는 앞서 나온 무지개의 광채에 비견될 만큼 영광스럽고 아름다운 제사장 예복의 일부다"라고 해도 정신없는 말은 아닐 것이다.계 10:1, 겔 1:28 그 머리 위에 무지개가 있는 것은 영원한 은혜 언약의 표지가 오직 그 안에만 있음을 보여준다. 그는 금으로 된 미간의 표 또는 관을 쓰시고 항상 하나님이 받으실 만한 탄원을 올리심으로써 세상을 굴복시키고 자기 백성에게 유익을 주신다.

(3) 그 앞에 있는 제물을 보고서도 은혜의 보좌임을 알 수 있다. 대제사장은 "피 없이는" 지성소에 들어갈 수 없었고 시은좌(이미 밝힌 대로 은혜의 보좌를 가리키는 예표)에 가까이 다가갈 수도 없었다. "오직 둘째 장막은 대제사장이 홀로 일 년에 한 번 들어가되 자기와 백성의 허물을 위하여 드리는 피 없이는 아니하나니."히 9:7 그렇다. 제사장은 제물의 피를 가지고 들어가 여호와 앞에, 시은좌 곧 은혜의 보좌 앞에 일곱 번 뿌려야 했다. 그 앞에 있는 향단 뿔들에도 발라야 했다.레 4:5-7, 16:13-14 이처럼 피가 뿌려지고 속죄가 이루어진 것을 보면 은혜의 보좌임을 알 수 있다.

은혜의 보좌 앞에 우리 대제사장이 계신다는 말은 이미 했다. 이제 내가 할 말은 제물도 거기 있다는 것이다. 이것은 은혜의 보좌 앞에 담대히 나아갈 권리를 얻어 주시기 위해 우리 죄에 대한 보상으로 바치신 제물이다. 그래서 전에 말한 대로 보좌 가

운데 "일찍이 죽임을 당한" 어린양이 계시는 것이다.^{계 5:6} 이것은
의도적인 표현으로서 죽임을 당한 흔적을 가진 제물이 보좌 가
운데 있다는 뜻이다. 그는 거기서 가시와 못과 창에 찔린 자국과
하나님의 명령에 따라 자신을 백성의 대속물로 드리느라 얻어
맞고 피 흘리며 상한 모습을 보좌에 앉아 계신 하나님께 보이신
다. 예수 그리스도의 몸이 높아지고 영화로워졌다고 해서 우리
죄를 위해 죽으신 그날을 잊으신 것은 아니다. 그의 중보 전체에
가치를 부여하는 것이 바로 그가 당하신 죽음이요 우리 죄를 위
해 십자가에서 흘리신 피이기에 더더욱 잊으실 리가 없다.

그뿐만이 아니다. 우리 허물로 인해 상처 입은 아들의 몸과 수
고한 영혼을 보는 것보다 더 하나님의 마음을 사로잡는 일은 없
다. 그래서 한 번 죽으신 분, 일찍이 죽임을 당하신 분이 보좌 가
운데 계신다고 말하는 것이며 "보좌 가운데에 계신 어린양이"
백성을 먹이신다고 말하는 것이다.^{계 7:17} 어린양 곧 제물이신 하
나님의 아들이 항상 보좌 가운데서 백성을 먹이시고 위로하신다.

그는 보좌이면서 제사장이면서 제물이시다. 그런데 어떻게
어린양으로서 보좌 가운데 계신다는 것일까? 자, 내가 생각하
는 의미는 이렇다. 그리스도는 제물로서 피를 흘리고 죽으심으
로 우리를 하나님과 화목케 하는 일의 주도자가 되셨다. 우리 죄
를 위해 자신을 드리심으로 대제사장이신 그를 힘입어 은혜와
긍휼과 영광을 구하여 얻게 하셨다. 그는 자기 피를 가지고 성소
로 들어가셨다. 시은좌 앞에서 자기 피로 우리의 속죄를 이루셨
다.^{히 9:12} 그의 피는 가인 때문에 흘려진 "아벨의 피보다 더 나은

것"을 우리를 위해 말해 준다.[히 12:24] 우리는 "예수의 피를 힘입어 성소에 들어갈 담력을 얻었"다.[히 10:19] 그러니 죽임당한 어린양이 보좌 가운데 계신다는 사실에 놀라지 말라.

은혜의 보좌이신 그리스도를 생각할 때 그가 제사장인 동시에 제물이심을 잊지 말기 바란다. 그는 제사장으로서 속죄를 이루신다. 그런데 제물이 없으면 죄 사함도 없다. 자, 제물이신 그리스도는 고난당하는 수동적 존재로, 제사장이신 그리스도는 자신을 바치신 능동적 존재로, 제단이신 그리스도는 신적인 능력으로 자신을 바치신 하나님으로 이해해야 한다. 어떤 이들의 어리석은 상상처럼 십자가는 제단이 아니다. 전에도 말했듯이 보좌 곧 은혜의 보좌이신 그리스도는 이 세 가지와 구별해서 이해해야 한다.

하나님이 기도를 듣고 은혜를 베풀고자 앉아 계신 은혜의 보좌를 이제 확실히 알겠는가? 그렇다면 영혼의 눈을 들어 거기 계신 어린양을 발견할 때까지 살펴보라. 일찍이 죽임을 당한 어린양이 보인다면 제대로 찾아간 것이다. 은혜를 간구하러 나아간 자가 보좌 가운데 계신 죽임을 당한 어린양, 일찍이 죽임을 당한 어린양을 보는 것은 얼마나 복된 일인지! 진정으로 복된 일이다! 이처럼 어린양이 보인다면 찾아가야 할 곳에 제대로 찾아간 것이다.

피가 없으면 사함도 없기에 더더욱 어린양을 찾아야 한다. 하나님의 손에서 은혜를 얻기 위해 예수의 피 없이 지성소에 들어가는 자는 즉시 자기 잘못을 깨달을 것이며 "살 길"을 찾는 대신 죽을 것이다.^{히 10:20} 하나님은 피가 아닌 것, 피에 못 미치는 것으로 우리를 사해 주실 수 없다. 실제로 그 피를 믿지 않는 자가 어찌 사함을 받겠는가? 우리는 그의 피를 힘입어, 그의 피를 믿음으로써 의롭다 하심을 받는다.^{롬 5:6-9} 그러니 은혜의 보좌에 다가갈 때 일찍이 죽임을 당한 어린양이 그 가운데 계신지 열심히 찾아보라. 그러면 하나님께 간구해야 할 자리에서 제대로 간구하고 있다는 표지를 얻을 뿐 아니라 마음이 깨지고 부드러워지고 굽혀지고 숙여져서 기도하기에 합당한 상태가 될 것이다. 어떤 이들의 말처럼 염소의 피가 부싯돌보다 단단한 금강석을 녹인다면, 은혜의 보좌 앞에 무릎을 꿇고 긍휼을 구하는 자가 일찍이 죽임을 당한 어린양을 볼 때―특히 자기 기도나 눈물이나 소원이 아닌 그의 피가 은혜의 하나님을 설득하여 자격 없는 자신에게 긍휼과 은혜를 베푸시게 하는 것을 볼 때―얼마나 더 그 심령이 풀어지고 녹아내리겠는가?

당신이 은혜의 보좌 앞에 있음을 알 수 있는 세 번째 표지가 이것이다. 그 보좌에는 피가 뿌려져 있다. 그렇다. 일찍이 죽임을 당한 어린양이 오늘까지 거기 계신다. 그 가운데서 보좌로 나아가는 자들을 먹이시며 "생명수 샘으로", 그 샘가로 인도해 주신다.^{계 7:17}

(4) 이 **은혜의 물줄기**가 강같이 계속 세상으로 흘러나가는 것을 보고서도 은혜의 보좌임을 알 수 있다. 요한은 말한다. "또 그가 수정같이 맑은 생명수의 강을 내게 보이니 하나님의 보좌로부터 어린양에게서 나와서."^{계 22:1, KJV} 이 강이 흘러나오는 곳에

보좌가 있다는 점에 주목하라. 앞서 말한 대로 하나님의 보좌는 아들의 인간 본성이다. 거기서 수정같이 맑은 생명수의 강이 흘러나온다.

자, 이 구절이 하나님과 어린양을 함께 언급하는 것은 이 강이 어린양으로 말미암아 하나님으로부터 흘러나온다는 사실을 밝히기 위해서다. 어린양 또는 속죄제물인 그리스도야말로 이 강을 흐르게 만든 장본인이시다. 이 강은 "하나님의 보좌로부터 어린양에게서" 흘러나온다. 어린양이 얼마나 신중하게 언급되고 있는지 보라. 그에게서, 그를 통해 생명수가 흘러나온다. 하나님은 강의 원천이시고 그리스도는 금 도관導管이시며 택하신 자들은 이 생명수의 수혜자들이다.

자, 여기서 "어린양의 보좌로부터"라고 하지 않고 "어린양에게서"라고 한 것은 이 은혜의 강이 어린양 자신에게서 그를 통해 나온다는 사실을 밝히기 위해서다. 그런데 이것을 어린양의 보좌로부터 강이 흘러나온다는 말로 이해하면,* 그리스도 또한 중보자로서 교회에 은혜를 강같이 베풀 권세를 가지고 계신다는 뜻이 된다. 그렇다면 결론은 이것이다. 하나님은 그리스도로 인해 은혜의 강을 흘려보내시며, 그리스도 또한 자신의 공로로 인해 하나님과 같은 권세를 행사하신다. 그래서 서신서에 다음과 같은 인사가 자주 등장하는 것이다. "하나님 우리 아버지와 주 예수 그리스도로부터 은혜와 평강이 있기를 원하노라."롬 1:7.

• "하나님과 및 어린양의 보좌로부터 나와서", 개역개정.

고전 1:3, 고후 1:2, 갈 1:3, 엡 1:2, 빌 1:2, 골 1:2, 살전 1:2, 살후 1:2, 몬 3절 "하나님 아버지와 그리스도 예수 우리 주께로부터 은혜와 긍휼과 평강이 네게 있을지어다."딤후 1:2, 딛 1:4, 벧전 1:2 그리스도는 아버지와 함께 은혜와 죄 사함을 베풀 권세를 가지고 계신다.요 5:21-26, 막 2:10

이제 이 구절에 나오는 단어들을 살펴보자. 여기 보좌 곧 은혜의 보좌가 있다. 이 보좌가 진정 은혜의 보좌임을 알 수 있는 특징은 거기서 은혜의 강이 흘러나온다는 것이다. 1절은 그것을 "생명수"라고 부르는데, 이는 은혜의 본질을 보여줄 뿐 아니라 그 은혜를 얻기 위해 보좌로 나아가는 자의 상태를 보여주기에 알맞은 표현이다. "생명수"라는 명칭은 그리스도 안에 있는 하나님의 은혜야말로 진정 사람을 소생시키는 음료라는 사실, 그리스도를 힘입어 이를 마시는 모든 자가 소생하며 스스로 그것을 알게 된다는 사실을 보여준다. 이 물은 "그 속―마시는 자의 속―에서 영생하도록 솟아나는 샘물이" 된다.요 4:14 그렇게 생명을 낳고 유지시킨다. 그렇다. 마시는 자의 중심에서 솟아나는 생명의 샘이 된다. 아! 또한 영적 건강을 지켜 주는 보존제로서 마시는 자의 영혼을 전적이고 최종적인 부패에서 영원히 지켜 준다. 그 속에서 영생하도록 솟아나는 생명수 샘물이 된다.

이 구절과 단어는 물을 마시러 오는 자들의 현 상태도 살짝 보여준다. 이들은 건강하지 못하고 아프다. 사람들이 바스Bath의* 온천수나 치유력이 뛰어난 다른 물을 찾듯이 이들은 은혜

---

* 로마시대부터 온천 목욕탕으로 유명했던 영국의 도시.

의 보좌를 찾는다. 병자들은 이런 물을 몹시 선망한다. 이런 물은 병자들뿐 아니라 사지가 멀쩡하고 건강한 자들에게도 효력이 있다. 자, 은혜의 보좌도 그렇다. 거기서 흘러나오는 물은 영혼을 치료한다. 그것이 이 물의 효력이다.겔 47:8-9 자연의 물가에서 다리 절던 자들이 목발을 내던지고 앓던 자들이 건강을 회복한 징표를 내보이듯 은혜의 보좌에서도 참으로 회개하는 자들과 아프도록 긍휼을 갈구하는 자들이 한숨과 눈물을 그치게 된다. "이는 보좌 가운데에 계신 어린양이 그들의 목자가 되사 생명수 샘으로 인도하시고 하나님께서 그들의 눈에서 모든 눈물을 씻어 주실 것임이라."계 7:17 동생 베냐민을 보고 통곡했던 요셉이 얼굴을 씻고 눈물을 닦았듯이창 43:30-31 하나님의 성도들도 하나님의 베냐민* 곧 우편의 아들이 계신 은혜의 보좌에서 영혼의 슬픔을 씻고 눈물을 닦게 된다.

오, 그러니 살고자 하는 병들고 아픈 자들이여, 예수를 힘입어 긍휼하시고 은혜로우신 하나님께 나아가라. 그렇다. 그 앞에 무릎을 꿇고 이 강을 찾아보라. 그 곁 어디쯤에 은혜의 보좌가 있을 것이요 당신이 찾는 긍휼이 있을 것이다.

1절은 은혜의 보좌에서 흘러나오는 물을 "생명수"라고 부를 뿐 아니라 강 곧 "생명수의 강"이라고 부른다. 이 말이 첫 번째로 보여주는 사실은 강에 물이 풍성하듯 하나님께도 은혜가 풍성하다는 것이다. 연못이나 웅덩이나 수조에도 물이 많지만 강

---

* 베냐민은 "오른손의 아들"이라는 뜻이다. 창 35:18.

에는 훨씬 더 많다. 이 보좌에서 흘러나오는 생명수의 강과 물줄기는 생명을 찾아 하나님의 보좌로 나아가는 자들을 흡족히 채워 준다.

"강"이라는 말은 하나님이 그리스도를 통해 주시는 은혜가 얼마나 풍성한지 보여줄 뿐 아니라 실제로 긍휼을 얻기 위해 은혜의 보좌로 나아가는 자들의 갈증과 소원이 얼마나 절실한지도 보여준다. 그런 영혼을 흡족히 채워 줄 것은 강밖에 없다. 못이나 웅덩이나 수조로는 안 된다. 그런 자는 "강물이 소용돌이칠지라도……놀라지 않고 요단강 물이 쏟아져 그 입으로 들어가도 태연"할 것이다.[욥 40:23] 다윗도 같은 마음을 증언한다. "하나님이여, 사슴이 시냇물을 찾기에 갈급함같이 내 영혼이 주를 찾기에 갈급하니이다."[시 42:1] 그래서 갈급한 만큼 "많이 마시라"고 초청하시는 것이다.[아 5:1]

우리가 구원받은 것은 이처럼 은혜를 넘치게 받기 위해서다. "더욱 은혜와 의의 선물을 넘치게 받는 자들은 한분 예수 그리스도를 통하여 생명 안에서 왕 노릇 하리로다."[롬 5:17] 하나님은 또 말씀하신다. "가련하고 가난한 자가 물을 구하되 물이 없어서 갈증으로 그들의 혀가 마를 때에 나 여호와가 그들에게 응답하겠고 나 이스라엘의 하나님이 그들을 버리지 아니할 것이라.—어떻게 그들의 갈증을 풀어 주실까?—내가 헐벗은 산에 강을 내며 골짜기 가운데에 샘이 나게 하며 광야가 못이 되게 하며 마른 땅이 샘 근원이 되게 할 것이며."[사 41:18] 보라, 여기 광야만큼이나 큰 못, 어떤 영혼의 갈증이라도 다 채워 줄 만큼 큰 못이 있다. 오, 그러나 그것만으로도 부족하다! 그래서 강과 샘과 샘 근원을 내심으로써 하나님의 은혜에 목마른 자가 흡족해할 때까지 갈증을 풀어 주신다. "그들이 주의 집에 있는 살진 것으로 풍족할 것이라. 주께서 주의 복락의 강물을 마시게 하시리이다. 진실로 생명의 원천이 주께 있사오니 주의 빛 안에서 우리가 빛을 보리이다."시 36:8-9

은혜의 보좌는 생명수를 마시고 병을 고치려 하는 자에게 도움과 건강을 주기 위해 풍성한 물을 흘려보낸다. 생명수의 강을 흘려보낸다. 그뿐 아니라 하나님의 보좌와 어린양에게서 강이 흘러나온다는 말은 은혜의 일반성도 보여준다. 당신이 아는 강들은 전부 일반적으로 흐른다. 아무리 상류라도 그렇다. 사도도 은혜의 일반성을 알리기 위해 "일반으로 받은 구원"이라는 표현을 썼다.유 3절 에스겔서와 스가랴서도 강물이 광야와 바다와 세상으로 흘러가 온갖 고기와 생물들을 고친다고 말한다.겔 47:8, 슥 14:8

계시록의 이 구절은 은혜 언약의 징표가 있는 보좌, 대제사장이 섬기고 계신 보좌, "일찍이 죽임을 당하신" 어린양이 그 가운데 계신 보좌로 나아간다는 것이 무엇인지 보여준다. 그 보좌에서 하나님의 은혜의 강, 물방울이나 소나기 정도가 아닌 생명수의 강이 흘러나온다는 것을 알려 준다.

이처럼 보좌에서 나오는 은혜를 "생명수의 강"이라고 부를 뿐 아니라 "수정같이" 맑고 깨끗하다고도 말한다. 얼음처럼 차가운 이 물은 더러운 흙탕물과 달리 맑고 시커먼 물과 달리 깨끗하다.[34:19, 욥 6:15-16] 그래서 맑게 빛나는 돌로 알려진 "수정"으로 표현한 것이다. 실제로 이 물 속에 있는 영과 생명이 물을 깨끗하게 지켜 탁해지거나 시커매지지 않게 한다. 이 물의 근원인 보좌가 첫 물줄기처럼 끝까지 깨끗하게 지켜 흙탕물이 되지 않게 한다. "여호와께서 주시는 복은 사람을 부하게 하고 근심을 겸하여 주지 아니하시느니라."[잠 10:22]

또한 이 말은 보좌에서 나오는 물이 우리의 어떤 것과도 섞일 수 없음을 보여준다. 은혜의 보좌에서는 순수하게 맑은 은혜만 나온다. 다른 것은 나오지 않는다. 깨끗한 은혜, 거저 주시는 은혜, 섞이지 않은 은혜, 우리가 행한 의나 공로와 섞일 필요가 없는 은혜가 나온다. 그 자체로 우리의 모든 결핍을 채우고 모든 병을 고치며 때에 맞는 도움을 주기에 충분한 은혜가 나온다. 하나님은 이 은혜로 택하시고 이 은혜로 부르시며 이 은혜로 보전하시고 이 은혜로 영광에 이르게 하신다. 바로 이 은혜가 보좌에서 생명수의 강같이 흘러나온다. 그러므로 우리는 처음부터 끝까지 이렇게 외쳐야 한다. "은총, 은총이 그에게 있을지어다!"[슥 4:7]

그리스도인이 어떤 보좌로 초청받았는지 이제는 알 것이다. 그 보좌는 모든 은혜의 하나님이 앉아 계신 은혜의 보좌다. 주 예수께서 우리를 위해 그 앞에서 계속 섬기시는 은혜의 보좌다. 일찍이 죽임을 당하신 어린양이 그 가운데 계시면서 피를 뿌리시는 은혜의 보좌다. 영원한 언약의 증표인 무지개가 둘려 있고 수정같이 맑고 깨끗한 생명수의 강이 흘러나오는 은혜의 보좌다. 그러니 은혜의 보좌 앞에 나아가는 모든 이여, 이 표지들을 찾아보라. 은혜의 보좌 앞에 제대로 나아간 것을 확인할 때까지 마음을 놓지 말라. 눈이 있으면 누구나 볼 수 있다. 이 표지들을 보는 것은 아주 즐거운 일로서 보는 이의 영혼을 자연스럽게 소생시키고 되살린다.

(5) 이상과 같은 표지들을 통해 은혜의 보좌임을 알고 구별할 수 있듯이 **이런 일들의 효력**을 보고서도 은혜의 보좌임을 알 수 있다. 은혜의 보좌 주위에는 "24보좌들이 있고 그 보좌들 위에 24장로들이 흰 옷을 입고 머리에 금관을 쓰고" 앉아 있다.^{계 4:4} 이런 표지들과 그 효력을 볼 수 있는 보좌는 은혜의 보좌뿐이다. 그렇기에 실제로 은혜의 보좌 앞에 나아가는 자들은 이런 표지들뿐 아니라 그 효력까지 봄으로써 제대로 찾아간 것을 확인할 수 있다. 앞에서 조금씩 설명했듯이 이 점도 다루어 보겠다.

나는 이 보좌들을 안식의 자리이자 위엄의 자리로 이해한다. 장로들이 수고를 그치고 앉아서 쉰다는 점에서는 안식의 자리 요^{계 14:13} 은혜의 보좌를 둘러싸고 있다는 점에서는 위엄의 자리다. "하나님 앞에서 자기 보좌에 앉아 있던 24장로가 엎드려 얼굴을 땅에 대고 하나님께 경배하여."^{계 11:16} 보좌에 앉은 자들보다 보좌 이야기가 먼저 나오는 것을 보면^{계 4:4} 이들이 회심하기 전에 자리부터 예비된 것을 알 수 있다.

또한 나는 이 장로들이 열두 족장과 열두 사도 곧 교회의 첫 조상들이라고 생각한다. 이들은 하나님의 교회, 즉 유대인의 교회와 이방인의 교회 모두의 장로들이다. 이사야서 또한 "장로들"이라고 부르는 이 옛사람들이 어떤 의미에서 두 교회 모두의 조상이다.^{사 24:23} 여기서 장로들은 24명으로 제시되는데, 역대기에도 각각 12명의 아들을 거느린 24명의 명단이 나온다.^{대상 25:8-31} 그래서 여기에도 24명이 나오는 것이다.

장로들이 앉아 있다는 것은 하나님 앞에 거하고 있다는 뜻이다. 아버지가 아들에게 "내 오른쪽에 앉아 있으라"고 하신 것도 같은 의미다.^{시 110:1} 이처럼 24장로가 앉은 24보좌가 있는 곳이 곧 은혜의 보좌다.

장로들의 흰 옷은 그리스도의 의요 그들 자신의 선한 행실과 영광이다. 그렇다고 그들의 행실 자체가 여기로 이끈 것은 아니다. 원래는 오염되었는데 어린양의 피로 씻어 희어진 것이다. 하나님은 자기 백성이 사랑으로 행한 모든 일에 상을 주실 것이다. 그렇다. 그들은 은혜의 보좌 앞에서 자기 수고—앞서 말한 것처럼 피로 씻은 수고—를 명예훈장처럼 달게 될 것이다. 이것은 진정 은혜다. "어린양의 피에 그 옷을 씻어 희게 하였느니라. 그러므로 그들이 하나님의 보좌 앞에 있고."^{계 7:14-15} 여기 나오는 이들도 장로들처럼 옷을 씻은 자들이다. 또한 장로들은 "머리에 금관을 쓰고" 앉아 있다. 이것은 그들이 승리했고 왕이 되었다는 사실, 주와 함께 영영히 왕 노릇 한다는 사실을 보여준다.^{계 5:10}

이제 그들이 무엇을 하는지 보라! 침묵하는가? 아무 말도 하지 않고, 아무 일도 하지 않고, 보좌 앞에 앉아만 있는가? 그들이 노래하는 일을 맡았다는 점에 주목하라. 앞서 말한 24명의 의미가 여기 있다. 여호와 찬송하기를 배워 익숙했던 이들과 그 아들들의 수는 총 288명이었는데^{대상 25:7} 그들은 "땅에서 속량함을 받은 144,000"명의 모형이었다.계 14:3 첫 24명과 그 아들들이 제금과 비파와 수금을 연주하고 노래했으며 여호와 찬송하기를 배워 익숙했던 것처럼 보좌 앞에 앉은 장로들도 수금을˙ 타며 노래한다. 옛사람들이 그토록 솜씨 있게 불렀던 노래를 배울 수 있는 자는 "땅에서 속량함을 받은 144,000"명뿐이다.

앞서 말한 대로 다윗 때는 24명으로 시작해서 그 12배로 끝 났는데, 요한은 같은 숫자로 시작해서 "아무도 능히 셀 수 없는 큰 무리"로 끝을 낸다. "이 일 후에 내가 보니 각 나라와 족속과 백성과 방언에서 아무도 능히 셀 수 없는 큰 무리가 나와 흰 옷 을 입고 손에 종려가지를 들고 보좌 앞과 어린양 앞에 서서 큰소 리로 외쳐 이르되 구원하심이 보좌에 앉으신 우리 하나님과 어 린양에게 있도다 하니 모든 천사가 보좌와 장로들과 네 생물의 주위에 서 있다가 보좌 앞에 엎드려 얼굴을 대고 하나님께 경배 하여."계 7:9-11 이 "셀 수 없는 큰 무리"가 "구원하심이 우리 하나 님과 어린양에게 있도다"라고 큰소리로 외치는 모습을 보면 마 지막 때 부를 노래를 이미 찾은 듯하다. 이것은 땅에서 속량함을 받은 자 외에는 능히 배울 수 없는 노래임이 확실하다.

자, 그토록 큰 무리가 흰 옷을 입고 자리에 앉아 종려가지를 들고 구원하심이 하나님과 어린양에게 있다고 노래하는 광경은 은혜를 얻기 위해 보좌로 나아가는 자들에게 담대한 용기를 준 다! 이제 낙심한 자들에게 다시 말하겠다. 오, 자기 큰 죄가 장애

˙ harps. 한글성경 요한계시록 5:8에는 "거문고"로 나와 있다.

가 될까 봐 심히 두려워하는 자여, 이미 영광에 이르러 퉁소와 수금을 연주하는 큰 무리 중에 당신만큼 악한 죄인을 한 명도 찾지 못한다면 오히려 이상한 것이다. 자, 그들이 여기 등장하는 것은 그들을 보고 은혜와 긍휼이 그들에게 해준 일을 생각하면서 용기를 내고 소망을 품으라는 뜻이다. 그러니 무릎을 꿇은 자리에서 다시 한 번 잘 살펴보라. 그들 중에 당신만큼 악하지 않은 자가 있는지 보라. 그런데도 그 자리에 있는 것을 보라. 머리에 관을 쓰고 손에 수금을 잡고 구원하심이 하나님과 어린양에게 있다고 큰소리로 노래하는 광경을 보라.

이것이 은혜의 보좌와 다른 보좌들을 구별하는 다섯 번째 특징 내지 표지다. 보좌 앞에서 셀 수 없는 큰 무리가 둘러앉아 노래하는 광경은 우리에게 용기를 준다. 자, 그들은 하나님의 은혜를 노래하며 장차 올 진노에서 자신들을 구해 준 어린양의 피를 노래한다. "24장로들이 그 어린양 앞에 엎드려 각각 거문고와 향이 가득한 금 대접을 가졌으니 이 향은 성도의 기도들이라. 그들이 새 노래를 불러 이르되 두루마리를 가지시고 그 인봉을 떼기에 합당하시도다. 일찍이 죽임을 당하사 각 족속과 방언과 백성과 나라 가운데에서 사람들을 피로 사서 하나님께 드리시고 그들로 우리 하나님 앞에서 나라와 제사장들을 삼으셨으니 그들이 땅에서 왕 노릇 하리로다 하더라."계 5:8-10

시험에 빠진 영혼이여, 어떤 은혜의 보좌가 여기 있는지 보라! 얼마나 허다한 무리가 이미 여기서 어린양과 보좌에 앉으신 이름에 세세토록 감사를 돌리고 있는가? 그런데도 마치 하나님이 없고 은혜가 없고 때를 따라 돕는 은혜와 긍휼을 구할 보좌가 없는 것처럼 버드나무에 수금을 걸고 고개를 떨군 채 세상을 서성이겠는가?시 137:2 들어 보라! "죽임을 당하신 어린양은 능력과 부와 지혜와 힘과 존귀와 영광과 찬송을 받으시기에 합당하도다"라는 노랫소리가 들리지 않는가? "하늘 위에와―그들이 있는 곳―땅 위에와―당신이 있는 곳―땅 아래와 바다 위에와 또 그 가운데 모든 피조물이……보좌에 앉으신 이와 어린양에게 찬송과 존귀와 영광과 권능을 세세토록 돌릴지어다"라고 외치고 있다.계 5:12-13

이 모든 것은 우리의 교훈을 위해, 인내와 성경의 위로로 소망을 품게 하기 위해, 고개를 떨구었던 자들이 담대히 은혜의 보좌 앞에 나아가 긍휼하심을 받고 때를 따라 돕는 은혜를 얻게 하기 위해 기록되었다. 그들은 송축한다. 전부 송축한다. 그들은 감사한다. 전부 감사한다. 그런데 당신은 입을 다물게 되겠는가? "우리가 다 그의 충만한 데서 받으니 은혜 위에 은혜러라."요 1:16 그런데 당신은 제외되겠는가? 이토록 멀리 미치고 가까이 쏟아지는 그의 은혜가 죄인 한 사람을 더 용서해 주지 못하고 붙잡아 주지 못하고 구원해 주지 못하겠는가? 그런 부끄러운 불신앙은 이제 내버리라! 당신이 들은 이 모든 말이 은혜의 보좌로 나아가라는 격려로 들리지 않는가? 그런데도 자신이 먼저 된 자가 아니라고 해서 침울해하며 뒤로 물러서겠는가? 주님은 "먼저 된 자로서 나중 되고 나중 된 자로서 먼저 될 자가 많으니라"고 하셨다.마 19:30 보좌 앞에 서 있는 저 큰 무리, 말할 수도 없고 셀 수도 없이 많은 무리를 보라. 그리고 담대히 그의 긍휼을 바라라.

(6) **보좌에서 나오는 것들**을 보고서도 은혜의 보좌임을 알 수 있다. 이상과 같은 표지들을 통해 은혜의 보좌와 다른 보좌들을 구별할 수 있듯이 보좌에서 나오는 "번개와 음성과 우렛소리"를 통해서도 구별할 수 있다. 보좌 앞에는 "켠 등불 일곱……하나님의 일곱 영"이 있는데 이 또한 은혜의 보좌를 알아볼 수 있는 표지다.제 4:5 보좌 앞 향단에서도 "우레와 음성과 번개와 지진이" 나온다.제 8:5 이것은 전부 보좌가 있는 지성소에서 나오는 것들이며 보좌와 그 위에 앉으신 분이 일으키시는 것들이다.

여기서 번개는 복음을 밝히는 성령의 조명이라고 생각한다.히 10:32 시편에 나오듯이 보좌에 앉으신 주를 앙망하는 자에게서는 광채가 나온다.시 34:5 또 다른 시편은 이렇게 말한다. "회오리바람 중에 주의 우렛소리가 있으며 번개가 세계를 비추며 땅이 흔들리고 움직였나이다."시 77:18 "그의 번개가 세계를 비추니 땅이 보고 떨었도다."시 97:4 이처럼 번개는 흑암에 앉은 백성에게 빛을 비춘다. 사도도 "어두운 데에 빛이 비치라 말씀하셨던 그 하나님께서 예수 그리스도의 얼굴에 있는 하나님의 영광을 아는 빛을 우리 마음에 비추셨느니라"고 했다.고후 4:6 이 빛과 이 빛을 믿는 자들을 멸하기 위해 길을 가던 바울을 말에서 떨어뜨린 것도 바로 이 보좌에서 나온 빛이었다.행 9:3

이런 번개가 칠 때 죄인들은 자신의 가련한 상태를 보고 거기서 벗어날 길을 깨닫는다. 당신도 그처럼 자신의 상태가 얼마나 악한지 보고 예수 그리스도만 거기서 벗어날 길임을 깨달았는가? 앞서 말한 대로 그는 은혜의 보좌시다. 그렇다면 이제 그 확신의 빛 안에서 그 빛이 나온 보좌로 나아가 사무엘이 엘리에게 했듯이 "당신이 나를 부르셨기로 내가 여기 있나이다"라고 외치라.^{삼상 3:8} 빛을 받고 깨달은 사울도 그리스도께 나아가 "주님, 누구시니이까?", "주님, 무엇을 하리이까?"라고 외쳤다.^{행 22:8, 10} 주께서 당신의 초를 밝혀 길을 보여주신 것은 자신에게 나아오라는 격려가 아닌가? "어둠과 죽음의 그늘에 앉은 자에게 비치고—무엇을 위해 비치는 것인가?—우리 발을 평강의 길로 인도하시리로다."^{눅 1:79}

내가 보기에는 이것이 앞의 내용들과 논리적으로 연결되는 해석이다. 계시록은 먼저 보좌와 그 위에 앉으신 이를 이야기한다. 다음으로 보좌 주위에 앉아 있는 장로들—교회 전체의 대표자들—을 이야기한다. 마지막으로 그들이 어떻게 그리로 나아갔는지 이야기한다. 즉, 보좌에서 나온 번개와 음성과 우렛소리를 통해 나아갔음을 밝히는 것이다.

보좌에서는 번개뿐 아니라 우렛소리도 나온다. 번개와 우렛소리가 다 나온다. 내가 이해하기에 우렛소리를 듣는다는 것은 진리의 말씀으로 하나님의 위엄을 강렬하게 발견하며 그로 인해 경건한 두려움과 경외감에 사로잡힌다는 뜻이다. 성경은 말한다. "여호와의 소리가 위엄차도다. 여호와의 소리가 백향목을 꺾으심이여."^{시 29:4-5} 그것은 우레같이 큰 소리다. "네가……하나님처럼 천둥소리를 내겠느냐."^{욥 40:9} "그의 큰 능력의 우렛소리를 누가 능히 헤아리랴."^{욥 26:14} 야고보와 요한이 "우레의 아들"로 불린 것도 이 때문이다.^{막 3:17} 그들이 전할 말씀에 번개뿐 아니라 우렛소리가 있었기 때문인 것이다. 말씀은 조명할 뿐 아니라 하나님의 두려우심과 위엄으로 죄인의 마음을 크게 사로잡아 실제로 하나님께 돌아가게 만든다.

우렛소리 없이 번개만 받는 것은 위험한데, 이미 받은 번개의 효과조차 사라지기 쉬운 탓이다. "한번 빛을" 받았지만 우렛소리를 들었다는 기록이 없는 자들은 쉽게 회복 불능 상태에 빠져 버렸다.^{히 6:4-6} 사울은 번개와 함께 영혼을 뒤흔드는 우렛소리를 들었기에 수많은 사람을 회심시켰고 간수도 회심시켰다.^{행 16:27-34} 우렛소리 없이 번개만 본 자는 하나님의 은혜를 방탕한 것으로 바꾸어 버리기 쉽다.^{유 4절, 롬 3:8} 그러나 하나님의 두려우심을 아는 자는 사람들을 권면한다.^{고후 5:11} 하나님은 은혜의 비 내리는 법칙을 정하시면서 "우레와 번개 길"을 만드셨다.[*] 두 가지가 따로 발생하지 않고 연달아 발생하게 하신 것이다. 번개가 치고 우레가 울려야 비가 내린다. 번개만 치면 안 된다. "누가 홍수를 위하여 물길을 터 주었으며 우레와 번개 길을 내어 주었느냐. 누가 사람 없는 땅에, 사람 없는 광야에 비를 내리며 황무하고 황폐한 토지를 흡족하게 하여 연한 풀이 돋아나게 하였느냐."^{욥 38:25-27}

이처럼 성령의 가장 어두운 말씀도 가장 쉽고 분명한 말씀만큼이나 진리와 큰 조화를 이루는 것을 알 수 있다. 당신이 하나님을 두려워함으로 마음의 균형과 평형을 잘 잡고 있다면 분명

● 욥 28:26, KJV, "비구름의 길과 우레의 법칙". 개역개정.

히 번개도 보고 우렛소리도 들은 것이다. 근래 이 땅에 큰 번개는 여러 번 쳤지만 우렛소리는 거의 들리지 않았다. 빛이 있으나 은혜를 찾아보기가 그리도 힘든 한 가지 이유, 이 시대의 많은 신앙고백자들이 깨달음을 얻고서도 머리로만 움직이는 한 가지 이유가 여기 있다.

자, 우렛소리 역시 은혜의 보좌 앞에 나아가도록 돕는다. 영광의 하나님은 번개를 쳐서 빛을 비추실 뿐 아니라 우레를 울려 당신을 깨우신다. 자신이 하신 일을 보게 하실 뿐 아니라 자신에게 나아오도록 일깨우신다. 은혜의 보좌에서 우렛소리가 나오는 것은 이처럼 그리로 나아가게 하기 위해서다. 그러니 은혜의 보좌 앞에 나아가라.

보좌에서는 번개와 우렛소리뿐 아니라 음성도 나온다. 이 음성은 우리를 교훈하기 위해 번개와 우렛소리에 더해 주시는 하나의 소리 내지 여러 소리일 수도 있고, 번개와 우렛소리를 받을 때 우리 마음에 생기는 소리일 수도 있다.

첫째로, 이것은 하나님이 영혼에 빛과 두려움을 주시면서 무엇을 해야 할지 지도해 주시는 하나의 소리 또는 여러 소리일 수 있다.^{행 2:3-7} 바울의 경우가 그랬다. 그는 빛을 받았고, 두려움을 느꼈으며, 지도해 주시는 음성을 들었다. 번개와 우렛소리와 음성을 다 받은 것이다. "여호와는 선하시고 정직하시니 그러므로 그의 도로 죄인들을 교훈하시리로다. 온유한 자를 정의로 지도하심이여, 온유한 자에게 그의 도를 가르치시리로다."^{시 25:8-9}

또는 번개와 우렛소리를 받을 때 우리 마음에 생기는 소리일 수도 있다. 인간은 하나님 앞에 아무 할 말이 없지만 번개와 우 렛소리를 받고 나면 소리로 가득해진다.고후 4:13, 7:14 은혜의 보좌에서 번개와 우렛소리가 나올수록 지상의 온 교회에 더 많은 소리들이 생긴다. 믿음을 고백하는 소리, 회개하는 소리, 하나님 말씀에 복종하는 소리들이 생긴다. 기도하는 소리, 부르짖는 소리, 우는 소리, 신음하는 소리, 울부짖는 소리, 자신을 한탄하는 소리, 승리하여 외치는 소리들이 생긴다!삼전 1:2-8, 시 5:3, 7:17, 20:2-5, 22:1, 138:5, 렘 31:18

은혜의 보좌에는 이런 효력이 있다. 번개와 우렛소리와 음성이 나와서 실제로 회심하게 만든다. 당신의 영혼에 이 모든 것이 있다면 은혜의 보좌가 그리로 이끌기 위해 이미 작용하고 있는 것이다. 첫째로는 당신의 기도에, 다음으로는 당신의 인격에 작용하고 있는 것이다.

이어서 다룰 다음 주제는 은혜의 보좌로 나아오라는 초청을 받는 대상이 누구냐 하는 점이다.

chapter 03

나아가라는 권면의 대상

1. 나아가라는 권면의 대상

여기서 은혜의 보좌로 부름받는 대상은 온갖 부류의 모든 사람이 아니라 "우리"라는 말에 엄밀히 포함되는 자들이다. "[우리가]* 은혜의 보좌 앞에 담대히 나아갈 것이니라." 이 본문 이전에도 이후에도 이들은 "우리"라는 이 특정한 말로 지칭된다.

들은 것에 더욱 유념하라고 요청받는 대상도 이들이다. 영광과 존귀로 관 쓰신 예수를 바라보라고 요청받는 대상도 이들이다. "자녀들"이라고 불리는 대상도 이들이다. "아브라함의 자손"이라고 불리는 대상, 그리스도의 "형제들"이라고 불리는 대상도 이들이다.^{히 2:1, 9, 14, 16, 17}

● 한글성경 개역개정판에는 생략되어 있다.

마찬가지로 3장에서는 "함께 하늘의 부르심을 받은 거룩한 형제들", 믿는 도리의 사도이시며 대제사장이신 예수를 믿는 자들로 불린다.[1절] 그리스도의 "집"으로, "그리스도와 함께 참여한 자"로 불린다.[6, 14절] 이들은 믿는 자들이요 안식에 들어가는 자들이다. 그리스도는 이들의 대제사장으로서 이들의 연약함을 동정하시고 공감해 주신다.[히 4:3, 14, 15]

또한 6장에서는 "사랑하는 자들", "약속을 기업으로 받는 자들", "앞에 있는 소망을 얻으려고 피난처를 찾은" 자들로 불린다.[9, 17, 18절] 이들은 닻과 같은 소망을 가지고 있다. 그리스도가 이들보다 앞서 천국에 들어가 그곳을 차지하셨다.[19-20절] 7장도 다름 아닌 이들이 하나님께 가까이 간다고 말하며[19절] 8장은 이들이 그리스도 안에서 새 언약을 맺었다고 말한다. 9장은 그리스도가 이들을 위해 영원한 속죄를 이루셨고 이들을 위해 성소에 들어가셨다고 한다.[12절] 10장도 이들이 하나님의 뜻에 따라 거룩함을 얻었고 예수의 피를 힘입어 성소에 들어갈 담력을 얻었다고 한다. 바로 이들에게 참마음과 온전한 믿음으로 나아가자고 하며 이들은 마음에 뿌림을 받아 악한 양심에서 벗어나고 몸은 맑은 물로 씻었기에 자유로이 나아갈 수 있다고 한다. 이들은 그리스도를 위해 세상에서 많은 고난을 당하는 자들이요 다른 고난당하는 자들의 동료다.[10, 19, 22, 32-33절]

그렇다. 11장은 이들과 믿음의 선진들이 함께 온전해진다고 말한다.[40절] 12장도 "너희가 이른 곳은 시온 산과 살아 계신 하나님의 도성인 하늘의 예루살렘과 천만 천사와 하늘에 기록된 장

자들의 모임과 교회와 만민의 심판자이신 하나님과 및 온전하게 된 의인의 영들과 새 언약의 중보자이신 예수와 및 아벨의 피보다 더 나은 것을 말하는 뿌린 피니라"고 한다.[22-24절]

이것이 은혜의 보좌로 나아가라는 권면을 받는 대상에 대한 설명이다. 이들의 특징이자 칭호이자 특권이다. 그러므로 우리가 내릴 수 있는 결론은 누구나 그리로 갈 수는 없다는 것, 양심에 가책을 느끼거나 그리스도 안에서 하나님의 긍휼을 받아야 할 필요성을 느끼고 소원한다고 해서 누구나 갈 수는 없다는 것이다.

2. 나아가는 순서

다음으로 다룰 것은 영혼이 은혜의 보좌 앞에 나아갈 때 따라야 할 순서다. 이를 위해 지금부터 다룰 내용을 예시해 주는 구약의 그림자부터 살펴본 다음, 본체를 통해 더 자세히 설명해 보겠다.

시은좌는 세상이 아닌 교회를 위한 장소였다. 원 상태의 이방인은 대제사장을 통해 시은좌로 즉시 나아갈 수 없었고 먼저 유다 백성의 교회에 가입해야 했다.[출 12:43-49] 거류민은 할례를 받음으로써 장차 오실 메시아에 대한 믿음을 고백해야 했으며 그 후에 바로 유월절을 지킬 수 있었다. 그리고 순서에 따라 다른 특권들—특히 대제사장이 1년에 한 번만 들어가는 시은좌의 특권—도 누릴 수 있었다.[겔 44:6-9]

아론과 그의 아들들도 교회가 무엇부터 해야 하는지 알려 준다. 아론은 교회의 머리였고 아들들은 지체였다. 아들들은 물두멍에서 씻은 후에야 성소의 기구들을 만질 수 있었다. "여호와께서 모세에게 말씀하여 이르시되 너는 물두멍을 놋으로 만들고 그 받침도 놋으로 만들어 씻게 하되 그것을 회막과 제단 사이에 두고 그 속에 물을 담으라. 아론과 그의 아들들이 그 두멍에서 수족을 씻되 그들이 회막에 들어갈 때에 물로 씻어 죽기를 면할 것이요 제단에 가까이 가서 그 직분을 행하여 여호와 앞에 화제를 사를 때에도 그리할지니라. 이와 같이 그들이 그 수족을 씻어 죽기를 면할지니 이는 그와 그의 자손이 대대로 영원히 지킬 규례니라."출 30:17-21, 40:30-32

그렇다. 이 법은 아주 엄격해서 거류민뿐 아니라 사체와 접촉하여 더러워진 이스라엘 백성도 먼저 씻어야만 성물을 먹을 수 있었다. 씻지 않으면 먹을 수 없었으며 씻지 않고 먹은 자는 그 죄를 담당해야 했다.레 17:15-16 "무슨 부정이든지 사람을 더럽힐 만한 것에게 접촉된 자 곧 이런 것에 접촉된 자는 저녁까지 부정"했고 "그의 몸을 물로 씻지 아니하면 — 휘장 안에 들어가지 못하는 것은 물론이요 — 그 성물을 먹지" 못했다.레 22:4-6

이제 묻겠다. 이 모든 일이 의미하는 바가 무엇일까? 죄인이 과연 씻지 않고도 은혜의 보좌 앞에 즉시 나아갈 수 있을까? 자, 다시 한 번 묻겠다. 누구나 확신을 가지고 은혜의 보좌 앞에 즉시 나아갈 수 있다면, 사도가 왜 굳이 히브리 교인들에게 "씻음"을 성소에 들어가기 위한 준비단계로 제시했을까? 그는 "우리가 마음에 뿌림을 받아 악한 양심으로부터 벗어나고 몸은 맑은 물로 씻음을 받았으니 참 마음과 온전한 믿음으로 하나님께 — 성소로 — 나아가자"라고 한다.히 10:19, 22 얼마든지 나아가도 괜찮으니 나아가자고 하는 것이 아니라 **먼저** 뿌림을 받고 씻음을 받았으니 나아가자고 하는 것이다.

먼저 물두멍에서 씻어야 한다. 씻지 않은 자는 은혜의 보좌로 나아갈 권리가 없다. 은혜의 보좌 앞에 있는 유리바다가 의미하는 바도 이것이다.계 4:6 실제로 은혜의 보좌 앞에 다가가기 전에 씻을 수 있도록 유리바다가 그 앞에 마련되어 있다. 이미 언급한 물두멍과 솔로몬 성전에서 지성소에 들어가기 전 수족을 씻었던 놋바다는 이를 예시하는 그림자였다.

그렇다면 신약시대의 물두멍이나 놋바다는 무엇이냐고 물을지 모르겠다. 내 대답은 죄 사함의 교리—예수 그리스도의 보배로운 피로 깨끗해진다는 교리—를 담고 있는 신약성경 말씀이라는 것이다.요 15:3 성경은 "물로 씻어 말씀으로", 말씀을 통해 깨끗해진다고 말한다.엡 5:26, 딛 3:5 이것은 유리바다 곧 말씀이 제시하는 그리스도께 먼저 나아가야 하늘에서 은혜의 보좌에 앉아 계신 그리스도께도 나아갈 수 있다는 뜻이다. 그렇다. 말씀이야말로 죄인이 먼저 씻을 수 있도록 보좌 앞에 마련된 유리바다다. 그러므로 구원을 받으려면 십자가에 못 박히신 그리스도와 그의 피를 통한 죄 사함의 약속에서부터 시작해야 한다는 것을 알라. 하늘에서는 못 박히신 그리스도를 볼 수 없다. 살아 계신 그리스도만 볼 수 있다. 그러나 말씀에서는 못 박히신 그리스도를 볼 수 있다. 말씀은 오늘날까지 그 죽음의 모든 정황을 알려 주며 못 박히신 그리스도를 눈앞에 밝히 보여준다.갈 3:1-2 말씀에는 죽으신 그리스도가 있다. 언제 죽으셨는지, 어떻게 죽으셨는지,

왜 죽으셨는지 다 나와 있다. 그 말씀이 앞에 펼쳐져 있으니 그리로 나아가 그의 피로 씻으면 된다. 그리스도의 언약 말씀은 신약시대 모든 제사장이―모든 그리스도인은 하나님의 제사장이다―씻어야 할 물두멍이다.

한 걸음 더 나아가기 전에 의롭다 하심부터 받아야 한다. 그의 피로 의롭다 하심을 받지 못하면 그의 생명으로 구원받지 못한다. 당신이 씻을 수 있도록, 의롭게 하는 효력을 지닌 그의 피가 놋바다이자 물두멍인 은혜의 말씀에 담겨 있다. 실제로 그의 피는 시은좌 곧 은혜의 보좌 앞에서 우리를 위해 중보하는 동시에 우리가 씻고 그 앞에 나아갈 수 있도록 십자가에 흘려져 있다. 우리는 예수의 그 피를 힘입어, 즉 성문 밖에서 흘리신 그 피를 믿는 믿음으로 성소에 들어갈 담력을 얻는다. 성문 밖에서 흘리신 피가 신자를 거룩하게 하여 지성소로 나아갈 수 있게 한다. "그러므로 예수도 자기 피로써 백성을 거룩하게 하려고 성문 밖에서 고난을 받으셨느니라.……그러므로 우리는―먼저 그의 피를 믿음으로 거룩해진 우리는―예수로 말미암아 항상 찬송의 제사를 하나님께 드리자. 이는 그 이름을 증언하는 입술의 열매니라."^{히 13:12, 15} 하나님 앞에 나아가는 모든 죄인은 중생의 물두멍에서, 말씀이 제시하는 못 박히신 그리스도 안에서 씻고 의롭다 하심을 받는다. 이처럼 못 박히신 그리스도를 믿음으로 의롭다 하심을 받은 죄인들 곧 성도들이 은혜의 보좌로 다가간다. 그가 흘리신 피의 바다에서 죄를 씻고 시은좌로 나아간다.

이것은 더없이 명백한 사실이다. 은혜의 보좌에는 믿음으로 나아가야 한다. 사도의 말처럼 믿지 않는 분을 어찌 부르겠는가? 그런데 성도들이 그를 믿는 것은 그에 대해 들었기 때문이다. 이 점을 밝히기 위해 로마서 10:14은 이렇게 말한다. "그들이 믿지 아니하는 이를 어찌 부르리요.—그런데 부르기 전에 필요한 일이 있다—듣지도 못한 이를 어찌 믿으리요." 들어야 믿을 수 있고, 믿어야 은혜의 보좌에 계신 하나님을 부를 수 있다. 자, 승천하신 그리스도에 앞서 죽으시고 장사되시고 부활하신 그리스도를 제시하는 복음의 첫 소식부터 믿어야 한다. "내가 받은 것을 먼저 너희에게 전하였노니 이는 성경대로 그리스도께서 우리 죄를 위하여 죽으시고 장사 지낸 바 되셨다가 성경대로 사흘 만에 다시 살아나사."^{고전 15:3-4}

이에 관한 내 결론은 하나님의 규례인 복음 진리의 말씀이 제시하는 대로 중생의 물두멍에서, 더 정확히 말하면 그리스도의 피로 씻는 것이 하늘의 순서라는 것이다. 죄인은 죄인이요 부정한 자이기에 먼저 씻어야 은혜의 보좌에 계신 하나님께 나아갈 수 있다.

그뿐만이 아니다. 죽으신 그리스도에 대한 교리를 건너뛴 자가 과연 공의롭고 거룩하신 하나님께 받아들여져 생명을 얻을 수 있겠는가? 그리스도가 십자가에서 흘리신 피를 무시하고 짓밟는 자가 과연 은혜의 보좌이신 그리스도께 유익을 받아 누릴 수 있겠는가? 그럴 수 없다. 반드시 먼저 씻어야 한다. 그렇지 않으면 죽는다. 직업이 무엇이든 마찬가지다. 아무리 믿는 척하고 거룩한 척해도 죽는다. 하나님은 모든 사람의 죄악을 보신다. 세상의 어떤 잿물과 비누로도 하나님 앞에서 그 죄악을 씻을 수 없다.렘 2:22 "피 흘림이 없은즉 사함이 없느니라."히 9:22 오염되고 더럽고 부정한 모든 것은 하나님의 성소에 들어갈 수 없으며 지성소에는 더더욱 들어갈 수 없다. 그러나 믿는 자는 제물을 힘입어 정결해짐으로써, 그 제물의 온전함 때문에 받아들여진다. "그러므로 형제들아, 예수의 피를 힘입어 성소에 들어갈 담력을 얻었나니." 다른 길은 없다.

이 점은 은혜의 보좌로 나아가는 방식을 다룰 때 더 분명히 드러날 것이다.

chapter 04

은혜의 보좌에는 어떻게 나아가야 할까?

1. 은혜의 보좌 앞에 나아가는 방식

우리는 다음과 같이 은혜의 보좌 앞에 나아가야 한다.

(1) **둘째 휘장을 지나** 나아가야 한다. 은혜의 보좌는 둘째 휘장 너머에 있기 때문이다. 교회의 모형인 성막 또는 성전에 들어갔다 하더라도 첫째 휘장 안에만 들어갔다면 은혜의 보좌가 있는 데까지는 이르지 못한 것이다.[히 9:3] 그렇다면 여기 나오듯이 우리가 피를 힘입어 지성소로 들어가기 위해 지나야 하는 둘째 휘장, 그 안으로 들어가야 하는 둘째 휘장은 무엇일까? 자, 율법에 따르면 둘째 휘장은 성소와 지성소 사이에 걸려 있어 첫 장막까지만 들어올 수 있는 자들이 지성소를 들여다보지 못하도록 가리는 역할을 했다. 성막 또는 성전 안에 있는 둘째 휘장은 은혜의 보좌로 나아가는 모든 사람이 지나야 하는 둘째 휘장의 모형으

로서, 그 휘장은 곧 그리스도의 육체다.

거룩한 사도가 다음과 같이 권면하며 증언하는 사실이 이것이다. "우리가 예수의 피를 힘입어 성소에 들어갈 담력을 얻었나니 그 길은 우리를 위하여 휘장 가운데로 열어 놓으신 새로운 살 길이요 휘장은 곧 그의 육체니라."^{히 10:19-20} 이처럼 둘째 휘장은 그리스도의 육체로서, 믿음으로 그 육체 안에 들어가지 않고 그 육체를 통과하지 않으면 은혜의 보좌가 있는 지성소 곧 보좌이신 예수의 마음과 영혼에 이를 수 없다. 그리스도의 몸은 하나님의 성막이다. 하나님이 그 안에 거하고 계신다. "신성의 모든 충만이 육체로" 그 안에 거하고 있다.^{골 2:9} 그래서 이미 말한 대로 그리스도 예수가 은혜의 보좌이신 것이다.

이처럼 그리스도의 육체를 휘장이라고 칭하는 것을 볼 때, 오직 믿음으로 그의 육체를 통해 보고 그의 육체를 통해 들어가는 자만 그 안에 거하는 영광, 즉 그 안에서 안식하시는 하나님을 알 수 있는 것이 분명하다. 그 휘장 안에 영광이 있다. 시은좌 곧 은혜의 보좌가 있다. 거기 앉아 계신 하나님이 성문 밖에서 죄를 위한 제물로 자신을 바치신 분의 육체를 통해, 그 육체로 말미암아 나아가는 죄인들을 기쁘게 받아 주시고 함께 안식하신다.

그리스도는 "내가 곧 길"이라고 하셨다.^{요 14:6} 어디로 가는 길일까? 어떻게 갈 수 있을까? 자, 이것은 아버지께로 가는 길이며 그의 육체를 통해서만 갈 수 있다. "그의 십자가의 피로 화평을 이루사 만물 곧 땅에 있는 것들이나 하늘에 있는 것들이 그로 말미암아 자기와 화목하게 되기를 기뻐하심이라. 전에 악한 행실로 멀리 떠나 마음으로 원수가 되었던 너희를 이제는—이제는 어떻게 화목하게 하셨다고 말하는가?—그 육체의 죽음으로 말미암아 화목하게 하사—이 일이 선행되어야 한다. 무엇을 위해 그래야 하는가?—너희를 거룩하고 흠 없고 책망할 것이 없는 자로 그 앞에 세우고자 하셨으니."골 1:20-22 당신은 이렇게 하나님이 계신 곳으로 들어간다. 이 육체를 힘입어 시은좌 곧 은혜의 보좌로 다가간다.

이것이 긍휼하심을 받기 위해 은혜의 보좌 앞에 나아가는 올바른 방식이다. 휘장을 지나듯이 그의 육체를 통해, 그의 피를 힘입어 나아가야 한다. 이렇게 그의 육체를 통해 들어가기 전까지는 은혜로 통치하시는 하나님의 뜻과 영광을 전혀 보지 못한다. 그렇다고 이와 관련하여 함부로 공상하거나 은혜와 영광의 보좌이신 그리스도에 대해 엉뚱한 생각과 기분 좋은 상상을 해도 된다는 말은 아니다. 긍휼하심을 받기 위해 은혜의 보좌 앞에 나아가는 권리를 누리려면 이 일에 대한 복음적인 지식이 절대적으로 필요하다.

그의 피를 힘입어 그의 육체를 통해 나아가지 않으면 아예 나아가지 못한다. 뒷문은 없다. 이 길뿐이다. 그리스도의 몸이 곧 성막이요 성소다. "주의 법이 나의 심중에—나의 창자 한가운데—있"다고 그는 말씀하신다.시 40:8 이 성막 안에, 즉 그리스도의 마음—은혜의 보좌—에 하나님이 앉아 계신다. 이 성막을 통해 그리로 들어가야 한다. 그리스도가 육체로 하신 일, 자기 안에 거하시는 하나님과 우리를 화목케 하신 일에 대한 경건한 이해를 가지고 들어가야 한다. 이것이 길이다. 유일한 길이다. 이것 말고는 은혜의 보좌 앞에 나아갈 길이 없다. 이것이야말로 하늘의 낙원으로 통하는 새 길이다. 옛 길은 두루 도는 그룹의 불칼로 막혀 있다.^{창 3:24} 이것만이 **새로운 살 길**이다. 다른 길로 가면 죽는다. "우리를 위하여 휘장 가운데로 열어 놓으신 새로운 살 길……곧 그의 육체"만이 은혜의 보좌가 있는 지성소로 들어가는 유일한 길이다.

(2) **먼저 마음에 뿌림을 받아 악한 양심에서 벗어난 후에** 은혜의 보좌로 나아가야 한다. 제사장이 온 이스라엘을 대표하여 지성소에 들어갈 때도 먼저 피 뿌림을 받아야 했다.^{출 29:20-21} "피 없이는" 들어가지 못한다고 율법에도 쓰여 있고 복음에도 쓰여 있다.^{히 9:7} 복음 덕분에 믿음으로 휘장을 지나 들어갈 수 있게 된 우리는 모두 피 없이 들어가지 않도록 조심해야 한다. 실제로 피 없이 들어가면 긍휼과 은혜의 도움이 아닌 죽음이 찾아온다.

이 점을 자꾸 강조하는 것은 천성적으로 이를 잊기가 아주 쉽기 때문이다. 자기 자신을 아는 자는 은혜의 보좌로 나아갈 때 예수의 피를 믿는 믿음으로 행하길 잊고 양심에 피 뿌림받길 잊기가 너무나 쉽다는 사실 또한 알 것이다. 성경은 이 준비를 소홀히 하지 않도록 조심할 것을 촉구한다. "우리가 마음에 뿌림을 받아―그리스도의 피로 뿌림을 받아―악한 양심으로부터 벗어나고……참 마음과 온전한 믿음으로 하나님께 나아가자." ^{히 10:22, 9:14} 그래야 죽지 않는다. 율법에서 모든 사람은 피 뿌림을 받아야 했고 하늘에 있는 것들의 모형은 제물 곧 황소의 피로 정결해져야 했다. 그러나 하늘에 있는 것들은 이보다 더 좋은 제물로, 그리스도가 드리신 몸과 흘리신 피로 정결해져야 한다.[히 9:23] 그리스도를 힘입어 은혜의 보좌 앞에 다가가는 당신도 그 피 뿌림을 받아 정결해져야 한다.

(3) 이에 더하여 **몸을 맑은 물로 씻어야** 한다. 이 또한 사도가 율법에서 얻은 교훈으로서, 앞서 밝힌 대로 율법에 따르면 나아가기 전에 먼저 씻어야 했다. 그리스도도 아버지께로 돌아가시기 직전 베드로에게 "내가 너를 씻어 주지 아니하면 네가 나와 상관이 없느니라"고 말씀하심으로써 모든 제자들에게 이 일의 의미를 알려 주셨다.[요 13:8]

여기서 "맑은 물"은 성령과 말씀의 건전한 교리를 가리킨다. 이 교리를 통해 양심이 먼저 피 뿌림을 받고 몸과 외적인 행동이 거룩해지며 정결해진다. "너희는 내가 일러 준 말로 이미 깨끗"해졌다고 그리스도는 말씀하셨다.[요 15:3] 이처럼 "씻음과 거룩함과 의롭다 하심"은 서로 연결되어 있기에 "주 예수 그리스도의 이름과 우리 하나님의 성령 안에서" 나아가야 한다.[고전 6:11] 순서에 따라 보좌에 다가가려면, 참마음과 온전한 믿음으로 다가가려면, 본문이 명하는 대로 "긍휼하심을 받고 때를 따라 돕는 은혜를 얻기 위해 은혜의 보좌 앞에 담대히" 나아가려면, 먼저 물로 씻음을 받고 피 뿌림을 받아야 한다.

담대히 나아간다는 것이 무엇인지 알려 주는 일과 담대히 나아가려면 어떻게 해야 하는지 알려 주는 일은 별개의 것이다. 본문은 담대히 나아가라고 명하는 동시에 그 방법 또한 알려 준다.

믿음으로 받는 피 뿌림과 성령의 거룩하게 하시는 역사를 통해 나아가라고 알려 준다. 여기서 최대한 할 수 있는 말은, 피가 없으면 담대함—경건한 담대함—또한 없다는 것이다. 양심이 피 뿌림에서 멀어질수록 은혜의 보좌에 계신 하나님께 정당하고 담대하게 나아가는 일에서도 멀어진다. 피가 죄를 속하고 영혼에 담대함을 준다.레 17:11, 히 10:19 피와 그 피의 권세가 죄책감과 두려움을 몰아내고 담대함을 준다.

그러므로 은혜의 보좌에 계신 하나님께 담대히 나아가려면 먼저 그리스도의 피에 관한 교리를 익히 알아야 한다. 즉, 그 피를 흘리신 일과 흘리신 이유와 그 피로 하나님과 화목을 이루신 사실을 알아야 하고 누구를 위해 흘리셨는지 또한 알아야 한다. 그렇다. 은혜의 보좌로 담대히 나아가기에 앞서 이 화목에 참여한 자들의 수에 믿음으로 포함되어야 한다.

2. 담대함 없이 은혜의 보좌로 나아가는 경우

(1) 이런 담대함이 생기기 전에, 또는 이런 담대함 없이도 은혜의 보좌 앞에 나아갈 수 있다. 물론 우리가 살펴 본 구절들은 이를 권하지 않는다. 그러나 아무리 부족해도 올바로 나아가는 것은 그리스도의 죽음과 피에 어느 정도 들어가는 입구가 되며, 본인은 모를 수도 있지만 보좌에서 은혜를 바랄 수 있는 방편이 된다. 그렇다. 십자가와 십자가에 달리신 그리스도를 생각하면 분명 용기가 생길 것이다. 그리스도도 십자가에서 그처럼 하나님께 나아가셨는데마 26:47 우리가 항상 담대하게 나아가기란 불가능하

다. 믿음은 그리스도를 이해하는 정도에 따라 커지거나 작아지고, 용기는 그 믿음에 비례하여 커지거나 작아진다. 강한 믿음은 큰 담대함을 낳지만 약한 믿음은 그러지 못하며 그럴 수도 없다.

(2) 이런 담대함 없이도 진실하게 올바른 마음으로 은혜의 보좌 앞에 나아갈 수 있다. 참 마음과 온전한 믿음은 담대함과 다른 것이다. "참 마음과 온전한 믿음으로 하나님께 나아가자."^히 ^{10:22} 교만한 탓에 담대할 수도 있고, 심히 연약하지만 진실할 수도 있다. 어떤 식으로 은혜의 보좌에 나아가든, 담대히 나아가든 성도들이 흔히 그렇듯이 의심하며 나아가든, 그 근거와 토대는 그리스도의 피로 속량받았음을 아는 지식에 있다. 속량받았음을 믿기에, 그 믿음을 확인하고자 나아가는 것이다. 이처럼 그리스도는 귀중한 분이시다. 그 가치로 보나 필요로 보나 그가 주시는 즐거움으로 보나 귀중한 분이시다.

(3) 이런 담대함 없이도 영혼의 모든 소원을 가지고 진실하게 은혜의 보좌 앞에 나아갈 수 있다. 다윗은 과중한 죄책감과 근심에 눌려 어쩔 줄 모르면서도 "주여, 나의 모든 소원이 주 앞에 있사오며 나의 탄식이 주 앞에 감추이지 아니하나이다"라고 했다.^{시 38:1-9} 진실하게 은혜의 보좌 앞에 나아갈 수 있었고 영혼의 모든 소원을 가져갈 수 있었다. 이 또한 하나님의 아들이 흘리신 피로 죄 사함 얻는 길을 알았기 때문임이 틀림없다.

(4) 이런 담대함 없이도 계속 은혜의 보좌 앞에 나아갈 수 있다. 고라 자손 헤만은 말했다. "여호와 내 구원의 하나님이여, 내가 주야로 주 앞에서 부르짖었사오니 나의 기도가 주 앞에 이르

게 하시며 나의 부르짖음에 주의 귀를 기울여 주소서. 무릇 나의 영혼에는 재난이 가득하며 나의 생명은 스올에 가까웠사오니." 시 88:1-3 주야로 은혜의 보좌 앞에서 부르짖는 자가 여기 있다. 그는 시커먼 구름 속에 있고 그의 영혼은 버티기 힘든 것처럼 보인다. 그럼에도 그에게는 '하나님은 실로 구원의 하나님이시다'라는 지식이 있었다. 그렇다. 심령의 큰 어려움 속에서도 분명히 하나님을 그렇게 불렀다.

그러니 온전한 믿음 없이는 은혜의 보좌 앞에 아예 나아가지 못한다거나 확신이 생기기 전까지는 나아가길 삼가야 한다는 결론을 내려서는 안 된다. 하지만 그리스도의 죽음과 피에 토대하여 나아가지 않는 자는 결코 올바로 나아가는 것이 아니며, 피로 말미암은 속량에 대한 지식이 거의 없이 은혜의 보좌 앞에 나아가는 자는 긍휼하심을 받고 때를 따라 돕는 은혜를 얻을 소망 또한 거의 없다는 사실은 짚고 넘어가야겠다.

내 결론은 권세 있는 자처럼* 은혜의 보좌 앞에 나아가는 것이야말로 인간의 특권이자 의무이자 영광이라는 것이다. 욥은 그곳을 찾기만 하면 반드시 나아가겠다고 했다. "내가 어찌하면 하나님을 발견하고 그의 처소에 나아가랴. 어찌하면 그 앞에서 내가 호소하며 변론할 말을 내 입에 채우고 내게 대답하시는 말씀을 내가 알며 내게 이르시는 것을 내가 깨달으랴. 그가 큰 권

• 창 32:28. KJV에는 "이는 네가 권세 있는 자처럼as a prince 하나님과 및 사람들과 겨루어 이겼음이니라"고 되어 있다.

능을 가지시고 나와 더불어 다투시겠느냐. 아니로다. 도리어 내 말을 들으시리라. 거기서는 정직한 자가 그와 변론할 수 있은즉 내가 심판자에게서 영원히 벗어나리라."욥 23:3-7 실제로 하나님이 우리를 검증하실 때가 있다. "그는 보좌 정면을 가리시고* 자기의 구름을 그 위에 펴시며."욥 26:9, KJV 지금 욥의 경우가 그런 것 같다. 그래서 그는 당혹스러운 심경을 토로하며 "어찌하면 하나님을 발견하랴!"라고 외친다.

이처럼 하나님이 우리를 검증하시는 것은 우리의 정직성과 불변성을 입증하기 위해서다. 위선자는 언제나 변함없이 기도하지 않는다. 위선자가 언제나 변함없이 하나님을 부르겠는가? 결코 아니다. 하나님이 속박하시고 괴롭게 하실 때,욥 36:13 기도가 힘겨워질 때는 더더욱 부르지 않는다.

항상 약한 믿음 탓에 하나님의 현존과 보좌 앞에서 감미롭게 비치는 빛을 발견하기 힘든 것은 아니다. 믿음이 강해도 이런 난국에 처할 수 있으며 때때로 곤경에 빠질 수 있다. 이 구절은 하나님이 보좌의 정면을 가리시고 구름을 그 위에 펴신다고 말한다. 하나님이 그리 하신 것은 욥의 믿음을 약화시키기 위해서가 아니라 오히려 욥의 힘을 검증하여 그가 얼마나 용감한 자인지 후대에 보여주시기 위해서였다. 강한 믿음은 어둠 속으로 뚫고 들어간다. 용맹한 말처럼 험한 길로 뛰쳐나가며 심한 여러 시련에도 좌절하지 않는다. "그가 나를 죽이실지라도 나는 그를 의

---

* "보름달을 가리시고", 개역개정.

뢰하리니"라는 것은 결코 꺾이지 않는 하나님의 은혜를 믿기에 할 수 있는 말이다.욥 13:15 난외주 또한 은혜의 보좌 앞에 나아가는 자들이 마땅히 생각해야 할 사실은 약하든 강하든 믿음은 동일하다는 것이다. 약한 믿음이라도 진실로 참된 것이라면 이런저런 일들을 할 것이며 최고의 믿음이 하는 일까지도 할 것이다.

오호라! 믿음은 올라갈 때도 있고 내려갈 때도 있으며, 평온할 때도 있고 죄나 죽음이나 마귀와 맞서 싸워야 할 때도 있다. 흔히 말하듯이 온힘을 다 써야 할 때가 있다. 그럴 때 믿음은 양심의 평화를 말할 여유가 없다. 살기 위해 투쟁해야 한다. 천사와 씨름하고 지옥과 씨름해야 한다. 그럴 때 믿음이 할 수 있는 일은 살기 위해 헐떡이면서 부르짖고 신음하고 땀 흘리고 경외하며 싸우는 것뿐이다. 실제로 십자가 앞에 달려가야 한다. 거기에 물—더 정확히 말하면 피와 물—이 있기 때문이다. 이 피와 물이 믿음에 공급되어야 의롭다 하심을 받은 데서 오는 위안을 지킬 수 있다. 이처럼 믿음의 공격을 받을 때는 아무리 선한 싸움을 잘 싸우고 믿음을 잘 사용해도 이 위안을 지키기가 어렵다는 것을 알고, 계속 마음을 다해 그리스도의 피와 죽음에 붙어 있어야 한다. 최대한 그래야 한다.

이제 긍휼하심을 받고 때를 따라 돕는 은혜를 얻기 위해 은혜의 보좌 앞에 올바로 나아가는 방식을 알려 주겠다.

3. 경건한 자만 은혜의 보좌를 알아본다

은혜의 보좌와 다른 모든 보좌들을 구별하는 것은 경건한 자의 특권이다. 전에 말한 대로 사도가 히브리서 본문에서 은혜의 보좌만 언급할 뿐 구별할 표지는 알려 주지 않는 것을 보면 알 수 있다. 그는 이 보좌 말고 다른 보좌들이 있는 것을 알면서도 구별할 표지를 따로 알려 주지 않는다. 히브리 교인들이 자기 말뜻을 훌륭히 이해할 것을 잘 알았기에 은혜의 보좌 앞에 담대히 나아가라는 권면만 한다.^{히 9:1-8} 그들은 지성소에 있는 언약궤와 시은좌를 통해 이미 배우고 깨우친 바가 있는 자들이었다. 그래서 사도는 표지를 명확히 다루어야 할 절대적 필요성을 느끼지 못했다.

그런데 이미 밝힌 대로 이방인들에게는 앞서 나온 징표들을 통해 은혜의 보좌가 설명되고 제시된다. 이방 교회에 보낸 편지인 계시록은 특히 이방인들에게 관심을 쏟는 책이다. 이방 신자들과 관련된 큰 사건들, 그들 중에 있는 적그리스도의 몰락과 관련된 큰 사건들을 예언한다. 요한이 은혜의 보좌에 나아가는 행위 자체보다 예표와 본체의 상관성을 더 많이 밝히는 것, 그림으로 보여주면서 믿음을 강화시키는 것은 그렇게 해야 이방인들이 은혜의 보좌를 찾아낼 수 있었기 때문이라고 생각한다. 그럴 때 이방인들뿐 아니라 이미 아는 자들도 더 많이 알 수 있고 이미 아는 사실도 더 잘 알 수 있다. 그렇다. 이미 아는 사실도 다시 상세히 들으면 큰 위로를 받을 수 있다. 그뿐 아니라 성령은 항상 말씀으로 가장 완전한 설명을 해주시기에 온전한 지식을 얻으려면 말씀을 의지해야 한다. 내가 다음과 같이 말하는 것은 말씀 없이도 은혜의 보좌를 알아볼 수 있다는 뜻이 결코 아니다. 성도의 마음에 다음과 같은 일들이 일어날 때 말씀을 통해 은혜의 보좌를 찾아낼 수 있고 다른 보좌들과 구별할 수 있다는 뜻이다.

(1) 성도는 양심에 강한 **죄책감**을 느끼는데, 특히 맨 처음에 그렇다. 그래서 죄책감을 느끼지 않는 자들보다 더 은혜의 본질을 잘 판단한다. 빌립보 간수는 평생 어느 때보다 하나님의 진노를 깨닫고 무서워 떨었을 때 구원의 기쁨을 더 크게 받아 누렸다.행 16:29-33 베드로도 바다에 빠져 죽게 되어 "주여, 나를 구원하소서"라고 소리쳤을 때 구원이 무엇인지 알았다.마 14:30 죄를 감각하지 못하는 자는 은혜도 이해하지 못한다. 죄와 은혜, 은총과 진노, 죽음과 생명, 지옥과 천국은 정반대되는 것으로서 각기 반대편의 악이나 선이나 수치나 영광을 강조하고 부각시킨다. 죄책감과 죄의 오염보다 더 은혜의 선함을 드러내는 것이 있는가? 하나님의 무한한 은혜로만 구원받을 수 있다는 깨달음보다 더 죄의 끔찍함과 지독함을 드러내는 것이 있는가?

(2) 더 나아가—이렇게 표현해도 된다면—새 피조물 속에는 하나님의 은혜를 구하려는 일종의 자연스러운 **본성**이 생겨나는 것 같다. 그래서 성경이 "육신을 따르는 자는 육신의 일을, 영을 따르는 자는 영의 일을 생각하나니"라고 말하는 것이다.롬 8:5 아이는 본성을 좇아 엄마 품에 파고들어 젖을 찾는다. 은혜로 태어난 아이도 그 은혜를 좇아 하나님의 은혜를 받아 살려 든다. 소나 양을 비롯한 모든 피조물이 어미 품에서 떨어지기가 무섭게 다시 젖꼭지를 찾아 무는 것처럼 새 피조물도 똑같이 한다.벧전 2:1-3 마치 쫓기다가 갈급하게 시냇물을 찾는 사슴처럼 죄책감을

느끼는 자도 은혜에 주리고 목말라 한다. 허기지면 빵을 찾고 목마르면 물을 찾는 법이다. 그렇다. 빵과 물 생각이 절로 나게 되어 있다. 다른 일을 하다가도 허기 때문에 찬장이 어른거리고 갈증 때문에 물병이 어른거린다. 허기와 갈증이 영양가 있는 음식을 생각하도록 요구하고 강요하며 명령한다. 허기와 갈증을 채울 만한 음식을 찾아 나서게 만든다. 모든 바른 말씀도 영혼의 위와 식욕을 자극한다. 몸이 자기를 먹이고 키우고 채워 줄 빵과 물을 찾아 달려가듯 영혼도 달려가게 만든다. 몸은 본성을 좇아 달려가지만 영혼은 은혜를 좇아 달려간다. 본성은 썩을 양식을 찾게 하지만 은혜는 영생하도록 있을 양식을 찾게 한다.

(3) 새 본성이 하늘의 자연스러운 본능을 좇아 이렇게 하도록 가르치듯이 **경험**도 이 점에서 경건한 자에게 많은 도움을 준다. 경건한 자는 은혜의 보좌 외에 다른 모든 곳과 모든 것은 공허하다는 사실, 거기에는 물이 없다는 사실을 경험으로 안다.

시내 산에서 도움을 얻으려 해보았으나 거기에는 불과 흑암과 우레와 번개와 지진과 떨림과 죽을 것처럼—두 번 다시 들을 수 없을 것처럼—무서운 소리밖에 없었다. 죄에 보수하시는 광경이 어찌나 무서운지 모세조차 "내가 심히 두렵고 떨린다"라고 했다. ^{히 12:18-21, 출 19장, 고후 3장} 자기 성과로 은혜를 얻으려고도 해보았지만, 오호라, 그 또한 바람이요 공허한 것에 불과했다. 어떤 성과나 의무 수행이나 종교적 예배 행위도 주의 거울에 비추어 보면 온통 점과 흠 투성이었다.^{사 64:5-8} 자기 결심과 맹세와 의지로 은혜를 얻으려고도 해보았지만, 오호라, 그 또한 다른 것들처럼 너무나 불완전하여 은혜를 얻는 데는 아무 도움이 되지 못했다. 눈물과 슬픔과 회개가 혹 도움이 될까 하여 그것에 기대보았지만, 그 또한 아침 이슬처럼 쉬 사라지거나 혹 남더라도 악취를 풍길 뿐이었다. 자기한테도 이렇게 악취를 풍기니 거룩하신 하나님께는 얼마나 더한 악취를 풍기겠는가! 또 위대한 창조자이신 하나님께 나아가 그의 놀라운 작품을 보고 하늘과 땅과 그 가운데 온갖 아름다운 것들을 보았지만, 그 무엇도 자신이 느끼는 은혜의 결핍을 채워 주지 못했다. 이처럼 물병을 들고 여러 샘을 찾아가 보았지만 빈손으로 부끄럽게 돌아설 뿐이었다. 그 어디에도 물이나 생명수의 강은 없었다. 혈루증을 앓았던 여인처럼 가진 것을 다 썼는데도 상태가 나아지기는커녕 더 위중해졌다.^{막 5:26}

율법만 살펴보아도 세상에는 은혜나 은혜의 보좌가 없음을 확인하기에 충분하다. 지상에서 가장 뛰어난 율법에도 은혜가 없는데—은혜와 진리는 모세가 아닌 예수 그리스도로 말미암아 오는 것이다^{요 1:17}—그보다 못한 것에서 찾을 기대를 할 수 있겠는가? 율법에서 은혜를 찾지 못한 바울은 그보다 못한 것에서 찾을 생각을 아예 접고—한때 그는 믿음이 아닌 율법의 공로에 기대어 은혜를 구했다^{빌 3:4-6}—이제껏 찾아보지 않았던 곳으로 즉시 나아간다. 자, 사도는 은혜의 보좌이신 예수 그리스도를 힘입어 은혜를 구했고, 마침내 찾아서 하나님의 영광을 얻을 소망으로 즐거워했다.^{롬 9:31-32, 5:1-3}

(4) 성도는 하나님의 **인도**를 받아 은혜의 보좌와 다른 보좌들

을 알아보고 구별한다. 귀인들이 "율법을 주신 이의 인도를 받아"^{민 21:18, KJV*} 광야에 우물을 팠듯이, 성도는 은혜를 주시는 이의 인도를 받아 은혜의 보좌를 찾아낸다. 그래서 바울이 "주께서 너희 마음을 인도하여 하나님의 사랑……에 들어가게 하시기를" 구한 것이다.^{살후 3:5}

인간은 인간이기에 보좌 앞에 곧장 나아갈 수 없다. 성령의 도움이 없으면 우리 기도가 보좌에 닿지 못할 뿐 아니라 아예 그리로 나아갈 수가 없다.^{롬 8:26} 아들이 친히 그렇게 말씀하신다. "나를 보내신 아버지께서 이끌지 아니하시면 아무도 내게 올 수 없으니."^{요 6:44} 이것은 지금 한 말의 정당성을 입증해 줄 뿐 아니라 인간 속에 나아가지 않으려는 고집이 있음 또한 알려 준다. 인간은 인도를 받아야만 한다. 하나님이 우리를 그의 길로, 즉 긍휼과 은혜가 있는 보좌에 이르는 길로 데려가 주셔야만 한다.

(5) 하나님의 계시에 항상 나타나는 **영광**을 통해서도 은혜의 보좌와 다른 보좌들을 구별할 수 있다. 이 영광은 모든 것을 능가한다. 은혜의 보좌 외에는 천지간 그 어디서도 이런 영광을 볼 수 없다.

자, 이 영광은 타고난 지각이 탁월하다고 보이는 것이 아니라 하나님이 보여주셔야 보이는 것이다. 단순히 타고난 지각과 이해력은 눈멀고 어리석은 도구에 불과하다. 이런 정신과 재능의 힘으로 은혜의 보좌에 이르러 그 영광을 조금이라도 알려 드

• "규와 지팡이로 판 것이로다", 개역개정.

는 사람은 어둡고 무례하고 어리석은 자로서 아무것도 보지 못한다. 우리 마음은 단조롭고 둔하다. 이런 의무를 수행할 온기나 생기나 향취가 없다. 그러나 이 보좌를 진정 이해한 자의 마음은 독수리처럼 날개 치며 올라간다. 그리스도인이 은혜의 보좌와 다른 모든 보좌들을 구별할 수 있는 또 한 가지 특징이 이것이다. 다른 어디서도 마주할 수 없는 선한 영광과 마주하는 것이다. 지금은 이 정도만 말하는 것으로 만족하자.

chapter 05

은혜의 보좌 앞에 담대히 나아가는 동기

이제 사도가 어떤 동기를 가지고 은혜의 보좌 앞에 담대히 나아
가도록 히브리 교인들을 자극하고 격려하는지 알아볼 차례가
되었다. 첫 번째 동기는 이러한 대제사장, 이러한 자격을 갖춘
대제사장이 거기 계신다는 것이다. 두 번째 동기는 우리에게 반
드시 은혜가 필요하기에 그리로 달려가 찾아내고 얻어내야 한
다는 것이다.

1. 이러한 대제사장이 거기 계시기에

은혜의 보좌 앞에 담대히 나아가도록 격려하는 첫 번째 동기는
이러한 대제사장이 거기 계신다는 것이다. "우리에게 있는 대제
사장은 우리의 연약함을 동정하지 못하실 이가 아니요 모든 일
에 우리와 똑같이 시험을 받으신 이로되 죄는 없으시니라. 그러

므로 우리는 긍휼하심을 받고 때를 따라 돕는 은혜를 얻기 위하여 은혜의 보좌 앞에 담대히 나아갈 것이니라."^{히 4:15-16} 이 대제사장에 대해서는 앞서 다루면서 그리스도 예수야말로 제단이요 제물이요 은혜의 보좌시라는 것과 그가 보좌 앞에서 친히 중보해 주신다는 사실을 밝힌 바 있다. 그런데 사도는 여기서 그를 은혜의 보좌일 뿐 아니라 그 보좌 앞에서 섬기시는 대제사장으로 제시한다. 그러므로 내가 그의 제사장직을 특별히 따로 다룬다고 해서 큰 문제가 되지는 않을 것이다. 내 논의의 주요한 중심 목적은 이 직분의 자격을 다루는 것으로서, 나는 그가 크게 두 종류의 자격을 갖추셨다고 생각한다. 첫째는 율법에 따라 갖추신 자격이요 둘째는 육신으로 갖추신 자격이다.

(1) 내가 말하는 **율법에 따른 자격**이란 사도의 표현대로 "육신에 속한 한 계명의 법"에 따른 자격이 아니라 "불멸의 생명의 능력"에 따른 자격이다.^{히 7:16} 옛 제사장직은 예표일 뿐이었고 제사장직에 관한 법도 그림자에 불과했다.^{히 9:15, 24} 그러나 그 법과 그 법에 따른 제사장 위임은 이미 말한 대로 "장차 올 좋은 일의 그림자"로서 우리의 예증에 도움이 되기에 그런 부분은 사용하고 그렇지 않은 부분은 건너뛰도록 하겠다.^{히 10:1}

이제부터 내가 할 말은 은혜의 보좌 앞에 대제사장으로 계신 예수 그리스도를 살펴볼 때, 은혜를 구하러 담대히 나아갈 동기와 용기가 생긴다는 것이다. "그러므로 우리에게 큰 대제사장이 계시니 승천하신 이 곧 하나님의 아들 예수시라. 우리가 믿는 도리를 굳게 잡을지어다."^{히 4:14} "은혜의 보좌로 담대히 나아갈 것이니라." 자, 그는 어떻게 대제사장이 되셨을까? 히브리서의 표현대로 어떻게 "멜기세덱의 반차를 따라 영원히 대제사장이" 되셨는지 살펴보자.^{히 6:20}

첫째로, 그는 율법에 따른 **부르심** 없이 스스로 이 존귀를 취하신 것이 아니었다. 율법 아래 있는 제사장들도 스스로 직분을 취하지 못했다. "이 존귀는 아무도 스스로 취하지 못하고 오직 아론과 같이 하나님의 부르심을 받은 자라야 할 것이니라. 또한 이와 같이 그리스도께서 대제사장 되심도 스스로 영광을 취하심이 아니요 오직 말씀하신 이가 그에게 이르시되 너는 내 아들이니 내가 오늘 너를 낳았다 하셨고 또한 이와 같이 다른 데서 말씀하시되 네가 영원히 멜기세덱의 반차를 따르는 제사장이라 하셨으니."^{히 5:4-6} 그는 "하나님께 멜기세덱의 반차를 따른 대제사장이라 칭하심을 받으셨"다.^{히 5:10} 여기까지 볼 때, 옛적에 제사장을 세웠던 법과 그를 제사장으로 세운 법은 일치한다. 둘 다 제사장 직분과 직무를 맡기 위해 적법한 부르심을 받고 제사장이 되었다. 그러나 아들을 대제사장으로 세운 법은 다음과 같은 점에서 더 뛰어났다.

• 그는 멜기세덱과 같은 대제사장이셨다. "증언하기를 네가 영원히 멜기세덱의 반차를 따르는 제사장이라 하였도다."^{히 7:17} 그러나 율법 아래 있는 자들은 아론의 반차를 따라, 즉 하나님의 영원한 언약이 아닌 육신의 계명을 따라 제사장이 되었다.

• "또 예수께서 제사장이 되신 것은 맹세 없이 된 것이" 아니었다. "그들은 맹세 없이 제사장이 되었으되 오직 예수는 자기

에게 말씀하신 이로 말미암아 맹세로 되신 것이라. 주께서 맹세하시고 뉘우치지 아니하시리니 네가 영원히 제사장이라 하셨도다."히 7:20-21

• 율법 아래 있는 제사장들은 죽기에 그들의 직분과 법과 제사 또한 사라져 지속되지 못했으며 그들의 제물에는 효력이 없었다. 그러나 "예수는 영원히 계시므로 그 제사장 직분도 갈리지" 않는다.히 7:23-24 "율법은 약점을 가진 사람들을 제사장으로 세웠거니와 율법 후에 하신 맹세의 말씀은 영원히 온전하게 되신 아들을 세우셨느니라."히 7:28

이런 점들을 고려할 때 우리가 추측할 수 있는 사실들이 있다.

무엇보다 먼저 **그가 어떤 분이신지** 알 수 있다. 그는 하나님의 아들이시다. 사도는 "우리에게 큰 대제사장이 계시니 승천하신 이 곧 하나님의 아들 예수시라"고 말한다.히 4:14 "이러한 대제사장은……하늘보다 높이 되신 이라."히 7:26 사도가 이처럼 그 위격의 위엄에 대해 자세히 말하는 것은 그가 우리를 위해 드리신 제사의 탁월성과 그로 인한 중보의 설득력을 알리기 위해서다. 그러므로 사도는 다시 이렇게 말한다. "제사장마다 매일 서서 섬기며 자주 같은 제사를 드리되 이 제사는 언제나 죄를 없게 하지 못하거니와 오직 그리스도—이 크신 분, 이 예수, 하나님의 아들—는 영원한 제사—오직 하나뿐인 제사, 단번의 제사, 유일한 제사히 9:25-26—를 드리시고 하나님 우편에 앉으사 그 후에 자기 원수들을 자기 발등상이 되게 하실 때까지 기다리시나니 그가 거룩하게 된 자들을 한 번의 제사로 영원히 온전하게 하셨느니라."[히 10:11-14] 자, 사도는 이처럼 큰 그의 위격을 언급함으로써 그가 드리신 제사의 탁월성과 그로 인한 중보의 설득력을 보여 준다. "그러므로 함께 하늘의 부르심을 받은 거룩한 형제들아, 우리가 믿는 도리의 사도이시며 대제사장이신 예수를 깊이 생각하라"고 하며,[히 3:1] 멜기세덱을 다시 언급하면서 "이 사람이 얼마나 높은가를 생각해 보라"고 한다.[히 7:4] 우리에게는 이러한 대제사장, 지극히 큰 대제사장, 하늘에 들어가신 분, 하나님의 아들 예수가 계신다.

그가 **이 직분으로 부르심과 위임을 받으신 방식** 또한 간과해서는 안 된다. 그는 불멸의 생명의 능력으로 제사장이 되셨다. 자신이 살아 계신 한, 우리에게 중보가 필요한 한, 계속해서 제사장으로 섬기신다. 그리스도는 죽은 자 가운데서 살아나셨기에 더 이상 죽지 않으신다. 죽음이 그를 지배하지 못한다. 그는 "생명의 주"시다.[행 3:15] 그러므로 "그 제사장 직분도 갈리지" 않는다. 그래서 어떻다는 것인가? "자기를 힘입어 하나님께 나아가는 자들을 온전히 구원하실 수 있으니 이는 그가 항상 살아 계셔서 그들을 위하여 간구하심이라."[히 7:24-25]

또한 그는 맹세로 제사장이 되셨다. "주께서 맹세하시고 뉘우치지 아니하시리니 네가 영원히 제사장이라 하셨도다."[히 7:21] 여기서 알 수 있는 사실은 하나님 앞에는 예수 외에 다른 대제사장이 없으며 앞으로도 없으리라는 것, 하나님은 예수의 대제사장 직분을 온전히 기쁘게 받아들이시며 그가 중보하시는 모든 자도 온전히 기쁘게 받아 주신다는 것이다. 하나님은 다른 자를 인해서가 아니라 다른 자를 위해서 이 제사장을 받아들이셨다. 대제사장은 백성의 죄를 속량하기 위해 "사람 가운데서 택한 자"가 되어 "하나님께 속한 일"을 하는 사람이다.^{히 5:1} 그리스도는 "바로 그 하늘에 들어가사 이제 우리를 위하여 하나님 앞에 나타나"신다.^{히 9:24} 맹세를 통해 그를 제사장으로 세우시고 절대 뉘우치지 않으시는 하나님은 그의 제사에 만족하시며 앞으로도 영원히 만족할 것을 선포하신다.

이것은 그를 힘입어 하나님께 나아가는 자들에게 큰 용기를 준다. 이 맹세로 견고한 토대가 생겼기 때문이다. "네가 영원히 제사장이라"는 맹세는 곧 '네가 중보하는 모든 자를 위해 너를 영원히 받아들이겠다. 너를 힘입어 내게 나아오는 어떤 육체도 내치지 않겠다'라는 맹세다. 믿음과 소망과 기쁨의 토대가 여기 있다. 이 맹세 때문에 인간이 은혜의 보좌 앞에 담대히 나아갈 토대가 생겼다.

둘째로, 그리스도는 부르심과 맹세를 통해 적법하게 제사장이 되셨을 뿐 아니라 또 한 가지 예비적인 율법의 자격을 갖추셨다. 율법은 대제사장이 하나님 앞에서 섬길 때 입도록 정해 놓은 **예복**을 입지 않으면 지성소에 들어갈 수 없도록 금했다. 그 예복은 사람의 취향이 아닌 모세의 명령에 따라 지어졌다.^{출 28장}

그리스도 곧 하늘에 계신 우리 대제사장 또한 거룩한 옷을 입고 계시며 그 옷으로 벌거벗은 자기 백성을 덮어 주신다. 그 예복은 금이나 은같이 썩을 재료가 아니라 모세의 도덕법과 의식법에 따라 계속 인내하며 사는 거룩한 삶으로 지어졌다. 물론 도덕법이나 의식법이 그를 제사장으로 세운 영원한 언약은 아니었다. 그러나 그는 도덕법을 충족시키셨고 이 직분과 관련된 의식법의 예표들 또한 뛰어나게 성취하셨다. 그를 중보자로 세운 영원한 언약 때문에 반드시 그렇게 하셔야만 했다. 지성소에 들어가기 전에 거룩한 옷부터 지으셔야 했다. 그는 아론처럼 다른 이들의 손을 빌려 옷을 짓는 대신, 자신이 직접 모세의 모든 명령에 따라 지으셨다.

그리스도가 이 옷을 지으시는 데는 상당한 시간이 필요했다. 얼마나 많은 시간이 필요했느냐고 물을지 모르겠다. 내 대답은 평생이 필요했다는 것이다. 십자가에 달리셨을 때에야 이와 관련하여 그에 대해 기록된 모든 일이 완성되었다. 그제야 그는 다 이루었다고 말씀하셨다. "다 이루었다 하시고 머리를 숙이니 영혼이 떠나가시니라."요 19:28-30

이것은 영화롭고도 아름다운 예복이다. 전에 말한 무지개처럼, 우리가 나아가야 할 은혜의 보좌에 둘린 무지개의 빛깔처럼 영화롭고도 아름답다. 발에 끌리도록 길고 가슴에는 금띠가 둘려 있다.계 1:13 그리스도의 신비한 몸을 전부 덮어 지체들의 흠이 하나님과 율법의 눈에 띄지 않도록 가려 준다. 그리스도는 율법에 순종하심으로, 온전하고도 완전하게 순종하심으로 이 옷을 지으셨다.롬 5:19 항상 이 옷을 입고 계시며, 아론 같은 대제사장들이 의식법의 명령에 따라 벗어야 했던 것과 달리 한 시도 벗지 않으신다. 항상 살아서 중보하시기에 이 제사장 예복도 내내 입고 계신다. 그가 예복 없이 성소에 들어가 죽음의 위험에 처하시거나 성소 앞에서 거절당하실 일은 결코 없다. 그는 죽지 않고 항상 살아 계신다. 거절당하시기는커녕 하나님 우편에 앉아 계시며, 원수들을 발등상으로 삼을 때까지 거기 계실 것이다.

하나님께 나아가는 모든 자는 이 옷 때문에 환영과 포옹과 입맞춤과 죄 사함과 구원을 받는다. 바울은 이 의의 옷, 티 한 점 없는 겉옷에 싸이길 간절히 소원했다. 이 옷 안에서 발견되어야만 "티나 주름 잡힌 것이나 이런 것들이 없이" 영광스러운 자로 하나님 앞에 설 수 있음을 알았다.엡 5:27 주 예수께서 하늘의 대제사장 직분을 수행하기 위해 갖추신 또 한 가지 예비적인 율법의 자격이 이것이다. 이 옷에 대해서는 이미 설명했으니 여기서 더 다루지 않겠다.

셋째로, 율법 아래 있는 대제사장은 율법의 부르심을 통해 세움을 받고 직분에 합당한 옷을 갖추어 입는 일과 더불어 한 가지를 더 해야 정규적인 직무 수행을 시작할 수 있었다. 먼저 **자신을 위한 제사**를 하나님 앞에 드림으로써 엄숙하게 위임받고 성별되어야 했던 것이다. 레위기 율법에 그 명령이 나온다. 대제사장이 백성을 위해 지성소로 나아가기 전에 자신을 위한 제사부터 드리라는 첫 명령이 나온다. 이 의식은 부르심을 받고 거룩한 옷을 갖춰 입은 후에야 행할 수 있었다. 옷을 지어 제사장에게 입히기 전까지는 행할 수 없었다. 또한 위임식 숫양의 피를 제사장과 그가 입은 옷에 뿌려야 대제사장 직분에 맞게 구별되고 거룩해질 수 있었다.출 29장, 레 8장 나는 이로써 성령이 알려 주시는 바가 있다고 생각한다. 그것은 우리 큰 대제사장이신 하나님의 아들 예수도 자기 피로 백성뿐 아니라 자신을 거룩하게 하셔야 했다는 점이다. 그는 말씀하신다. "또 그들을 위하여 내가 나를 거룩하게 하오니 이는 그들도 진리로 거룩함을 얻게 하려 함이니이다."요 17:19

그리스도가 언제 그렇게 하셨느냐고, 우리 죄를 위해 자신을 드리시기 전에 어떤 위임식 제사를 드리셨느냐고 물을 수 있다. 내 대답은 동산에서 땀방울을 큰 핏방울처럼 땅에 흘리실 때 그 피로 자신을 씻으셨다는 것이다. 자기 피의 뿌림을 받아 귓부리와 오른손 엄지와 오른발 엄지뿐 아니라 온몸을 씻으셨다는 것이다. 그것은 가장 엄숙한 위임식이었다. 적어도 나는 그렇게 생각한다. 아론 때처럼 이때도 모세가 이 일을 했다. 모세는 아론의 옷에 피를 뿌렸다. 그리스도는 고뇌하며 피땀을 흘리셨는데, 그 고뇌는 모세의 율법이 요구하는 정의와 저주를 아시며 백성의 죄로 인해 곧 그것을 감당해야 함을 아시는 데서 비롯된 것이었다.

그는 이 제사를 드리심으로써 이후 우리를 위해 위대한 대제사장 직분을 수행하는 데 필요한 또 한 가지 준비를 마치셨다. 그것은 심한 통곡으로 드리신 눈물의 전제였다. 바로 그때 그 자리에서 눈물을 물마시듯 마시며 특별한 독주의 전제를 부어 드리셨다.출 29:40, 민 28:7 성경은 이것을 그가 드리신 제사라고 칭하며 하나님이 그 제사를 받으셨다고 말한다. 그는 "자기를 죽음에서 능히 구원하실 이에게 심한 통곡과 눈물로 간구와 소원을 올렸고 그의 경건하심으로 말미암아 들으심을" 얻음으로써 자기 백성을 대신할 자격뿐 아니라 이 직분을 맡기 위한 자격을 갖추셨다.^{히 5:7} 그래서 뒤이어 "온전하게 되셨은즉—대제사장 직분을 얻는 데 필요한 모든 절차를 순서대로 온전하게 시행하셨은즉—자기에게 순종하는 모든 자에게 영원한 구원의 근원이 되시고"라는 구절이 나오는 것이다.^{히 5:9}

이를 더 잘 이해하기 위해 그리스도의 이중적 온전함—신체의 온전함과 실행의 온전함—에 대해 이제부터 하는 말을 명심하기 바란다. 신체의 온전함과 관련해서 살펴볼 점은 두 가지다. 한 가지는 그의 **인간성**이 온전했다는 것이다. 그의 인간성은 처음부터 죄로 오염되지 않은 완전히 온전한 상태에 있었다. 그러나 이 인간성은 다른 온전함—키와 나이의 온전함—과 결합되어야 했다. 그래서 성경이 인간성의 측면에서 그가 자라가셨다고, 즉 점점 더 온전해지셨다고 말하는 것이다. 여기서 그가 자랐다는 말은 본성이 자랐다는 뜻이 아니라 키가 자랐다는 뜻이다. "예수는 지혜와 키가 자라가며."^{눅 2:52} 유월절 양은 태어난 첫날 정해졌다. 그러나 하나님의 율법이 정한 때가 되어야 잡을 수 있었다.^{출 12:5-6} 그리스도의 신체도 두 가지 의미에서 다 온전해져야 했다. 그리고 실제로 정한 때가 되었을 때 "기약대로 그리스도께서 경건하지 않은 자를 위하여" 죽으셨다.^{롬 5:6}

그리스도의 신체 곧 본성과 외양이 온전해야 했듯이 **실행**도 온전해야 했다. 성경은 그가 하나님께 더욱 사랑스러워지셨다고, 우리를 위해 온전히 순종함으로 사랑스러워지셨다고 말한다.^{눅 2:52} 자, 전체적으로 볼 때 그의 실행은 우리를 위해 의를 이루시는 일과 관련되어 있었다. 또는 대제사장의 제사를 위한 준비와 관련되어 있었다고도 할 수 있다. 그의 실행이 어떻게 두 가지 목적에 다 부합되는지, 또는 각각의 목적에 부합되는지 살펴보라. 자신의 실행이 대부분 부족한데도 마치 온전한 것처럼 "내게 관한 일이 끝남이니라"고 하셨을 리는 없다.^{눅 22:37 난외주}

그가 순종하신 모든 행위는 온전했고 순종을 요구하는 율법 전체에 부합했다. 한 계명에 순종하느라 다른 계명을 어기신 경우가 전혀 없었다. 모든 일을 잘하셨고, 그래서 하나님께 사랑스러워지셨다. 실제로 한 번만 온전히 순종하셨던 것이 아니다. 사실상 어느 행위를 골라서 보아도 율법을 만족시켜 잠잠케 하기에 충분했다. 앞서 말한 대로 그는 원래 하나님이 사랑하시는 아들이었음에도 점점 더 사랑스러워지셨다고 말하는 이유가 여기 있다. 이렇게 계속 순종하여 하늘의 하나님을 항상 기쁘시게 함으로써 더욱 사랑스러워지셨던 것이다.

채권자에게 빌린 돈 전액을 갚을 때까지 정한 기일에 정한 액수를 계속 내기로 한 사람이 첫 1실링이나 1파운드를 냈다면 애초부터 잘하고 있는 것이다. 물론 첫 1실링이나 1파운드는 빚 전액으로 계산되거나 간주될 수 없는 일부에 불과하다. 그럼에도 채권자가 부족하다고 책잡지 못하는 것은 그만큼 변제가 되었기 때문이다. 채권자는 조만간 다 갚으리라는 판단 하에 그 돈을 첫 열매로 받아들인다. 이처럼 그리스도도 세상에 오면서부터 바로 빚을 갚기 시작하여 변제가 끝날 때까지 계속 갚아 나가심으로써 하나님께 더욱 사랑스러워지셨다. 주님은 세상에서 주어진 모든 의무를 하나씩 이행해 나가셨고, 마침내 우리를 위한 큰 일의 준비과정을 정해진 대로 다 행하고 마쳤다고 말할 수 있는 시점에 도달하셨다. 성경은 그가 온전하게 되셨다고 말한다. "온전하게 되셨은즉 자기에게 순종하는 모든 자에게 영원한 구원의 근원이 되시고."

그렇다면 그리스도의 순종이 온전치 못했던 시기도 있었던 것이 아니냐고 반박할 수 있다. 그에 대한 내 대답은, 그리스도가 땅 위에서 우리를 위해 해야 할 일을 다 마치지 못하신 시기는 있었다는 것이다. 그렇다고 그의 순종이 온전치 못했다는 결론이 나오는 것은 아니다. 그의 모든 순종은 하나님의 뜻에 따라 정해진 때에 이루어졌다. 순종이 온전해지려면 그 때도 온전해야 한다. 그렇지 않은 순종은 온전치 못한 것이다. 정해진 날이 오기 전 사흘 안에 유월절 양을 잡는 것은 죄였다.^{출 12:6} 이레째가 아닌 나흘째 여리고를 공격하는 것도 죄였다.^{수 6:10-16} 의무는 제때 이행되어야 아름답다. 하나님의 아들은 그 때를 지키셨다. "때가 아직 낮이매—지금은 일할 때이기에—나를 보내신 이의 일을 우리가 하여야 하리라."^{요 9:4}

여기서 명심할 점이 있다. 온전함에 대한 이 모든 설명은 그리스도가 의무를 수행하신 행위의 성격이나 특질에 해당되는 것이 아니라 그가 이행하셔야 했던 의무의 개수에 해당되는 것이다. 지금 우리가 다루는 주제—우리를 위해 대제사장 직분을 맡으시는 일—과 관련하여 그리스도가 이행하셔야 했던 의무들, 그와 직접 관련된 의무들이 있었다. 그 의무들을 다 이행해야 적법하게 직분을 수행하실 수 있었다. 그가 순서대로 다 이행하지 않으셨다면 하나님 앞에 나아가기에 적합한 제사장이 되지 못하셨을 것이다. 앞서 말한 대로 그는 이 의무들을 다 이행하심으로써 하나님의 뜻에 따라 대제사장으로 거룩하게 성별되셨다. 그의 경건하심—경외하심—으로 말미암아, 자신이 해야 할 일을 순서대로 이행하심으로써 하나님께 받아들여지셨다.히 5:7

넷째로, 대제사장 직분을 수행하기 위해 준비해야 할 것은 **제물**이었다. 알다시피 제사를 드리려면 제물이 먼저 필요하다. 드릴 제물부터 준비해야 한다. 그리스도도 드릴 제물이 없었다면 대제사장이 되지 못하셨을 것이다. "대제사장마다 예물과 제사 드림을 위하여 세운 자니 그러므로 그도 무엇인가 드릴 것이 있어야 할지니라."히 8:3 이처럼 제물은 마지막 준비사항이 아님에도 마지막에 말하는 것은 그 시기 때문이다. 앞서 나온 의무들은 몸을 가지고 몸으로 이행할 수 있는 것들이었지만, 몸 자체를 제물로 드리는 일은 아버지가 정하신 때가 이르러야만 할 수 있었다. 그래서 하나님이 생각하신 최선의 때이자 적합한 때인 마지막에 제물을 준비하신 것이다.히 10:5

이제 제물을 들고 나아가시는 대제사장을 보라. 그가 어떻게 제물을 드리시는지 보라. 그는 하나님의 부르심을 받고 번제를 드리기 위해 나아가신다. 자기 피로 거룩하게 성별한 제사장 예복을 입고 나아가신다. 눈물과 피, 물과 피를 흘리며 나아가 제물을 드리신다. 세상 죄를 위한 제물로 자신을 하나님께 드리신다. 하나님이 온 세상의 예배와 제물에 물리기 시작하셨을 때 자신을 제물로 드리신다. "그러므로 주께서 세상에 임하실 때에 이르시되 하나님이 제사와 예물을 원하지 아니하시고 오직 나를 위하여 한 몸을 예비하셨도다. 번제와 속죄제는 기뻐하지 아니하시나니 이에 내가 말하기를 하나님이여, 보시옵소서. 두루마리 책에 나를 가리켜 기록된 것과 같이 하나님의 뜻을 행하러 왔나이다 하셨느니라."히 10:5-7

이제 당신이 보게 되는 것은 우리 대제사장이 제사장 직분을 수행하기 위해 나아가시는 모습이다. 지금부터는 제사에 대해 다루면서, **그가 어떻게 제물을 드리고 간구하시는지** 부분별로 조금씩 살펴보겠다.

속죄를 위한 번제물은 두 부분—고기와 기름—으로 나뉘는데, 여기서 기름은 내장의 기름과 콩팥의 기름 등을 가리킨다.레 3:14-15 이와 상응하게 그리스도가 드리신 제물도 두 부분—몸과 영혼—으로 나뉘는데, 몸은 고기에 해당되고 영혼은 기름에 해당된다. 제물의 내장은 반드시 불에 태워야 했다.사 53:10 우리 대제사장이 드리신 제사의 모형인 번제와 속죄제 모두 기름을 태우지 않으면 불완전한 제사로 간주되었고, 따라서 받아들여지지 못했다. 두 제사 모두 제물을 태울 때는 기름과 머리를 벌여 놓고 함께 태워야 했다. 제사장은 "그것의 각을 뜨고 그것의 머리와 그것의 기름을" 베어 낸 다음 "다 제단 위의 불 위에 있는 나무 위에 벌여" 놓았다.레 1:12

이것은 그리스도가 제물로 드리신 몸과 영혼이 죄로 인해 고난당하는 내내 하나님이 쏟으신 저주를 감각하며 느낀 일을 가리킨다고 생각한다. 그래서 이 제사의 이름이 번제인 것이다. 번제물을 아침까지 제단 위 석쇠에 두어 제단 불이 꺼지지 않게 하는 것이 번제의 규례였다.ᴸᴱ 6:9 기름은 그 불꽃을 더 높이 키우는 역할을 했다. 그래서 하나님은 애정을 담아 "모든 기름은 여호와의 것"이라고 하셨다.ᴸᴱ 3:16 성경은 "그가 자기 영혼의 수고한 것을 **보고** 만족하게 여길 것이라"고 말한다.ᴸᴱ 53:11 확실한 사실은 속죄제를 드리신 하나님 아들의 영혼의 탄식과 외침과 갈등이 아버지 뜻에 따르는 그 영혼의 복종과 함께 밝고 높이 타올라 향기로운 냄새를 올려 드림으로써 인간의 죄에 행사될 정의를 가라앉혔다는 것이다.

그의 살도 제물의 일부였다. 그는 죄에 내리시는 하나님의 심판을 자기 살로 느낄 수 있었다. 육신의 목숨이 붙어 있는 내내 절실히 느낄 수 있었다. 몸과 영혼은 연합되어 있기에 영혼이 느끼는 것을 몸도 그대로 느꼈다. 영혼이 느낄 때 몸은 피를 흘렸고 영혼이 고뇌할 때 몸은 피땀을 떨구었다. 영혼이 율법의 심판과 저주를 느끼며 씨름할 때 몸도 똑같이 느끼고 공명하며 고통스러운 외침과 강 같은 눈물을 토했다. 그가 어떻게 채찍질을 당하고 가시관을 쓰고 얼굴을 얻어맞아 피투성이가 되셨는지에 대해서는 자세히 말하지 않겠다. 어떻게 우리 죄로 인해 고난당하시며 상처를 입으시며 찔리셨는지, 목숨이 붙어 있는 내내 어떤 고통을 당하셨는지에 대해서도 말하지 않겠다. 이 또한 제물의 머리를 비틀어 끊고 각을 뜨고 불사르라는 옛 율법의 명령을 통해 이미 예시된 일이었다.ᴸᴱ 1장이제 알아야 할 것은 대제사장이신 예수께서 이처럼 제물로 드리신 자신의 피를 현재 그가 계신 시은좌 곧 은혜의 보좌로 가져가셔야 했다는 점, 성막 문에서 드리신 제물의 피를 휘장 안으로 가져가셔야 했다는 점이다. 그 이야기를 잠깐 해보겠다.

그는 어떻게 제물을 드리셨을까? 마지못해 억지로 드리신 것이 아니라 기꺼이 **자원하여** 드리셨다. "그 예물이 소의 번제이면 흠 없는 수컷으로 회막 문에서 자원하여 드릴지니라."● 그리스도는 이렇게 자신을 드리셨다. "흠 없는 수컷으로" 드리셨다.히 7:27 대속물로 드리셨다. "자기 목숨을 많은 사람의 대속물로" 내놓으셨다.마 20:28 스스로 목숨을 버리셨다.요 10:18 자기 백성을 속량하기 위해 죽을 그날을 고대하셨다. 성경을 읽어 보면 그의 일생을 통틀어 고난이 가까이 다가왔던 때만큼 기뻐하신 적이 없었음을 알게 된다. 그는 성찬의 떡과 잔 곧 자신의 몸과 피를 들고 감사드리신 후 제자들에게 나누어 주셨다. 찬미하고 기뻐하시며 "내가 왔나이다"라고 하셨다.시 40:7 오, 예수 그리스도가 우리의 유익을 위해 품으신 마음, 그 위대한 마음이여! 그는 영혼의 모든 소원에 따라 자신을 드리셨다.

그는 이처럼 자발적으로 자원해서 자신을 드리셨을 뿐 아니라 원수들의 생명을 향한 **사랑과 애정으로** 자신을 드리셨다. 친구의 생명을 위해 죽는 것도 엄청난 일일진대 원수의 생명을 사랑하여 죽는 것은 더더욱 엄청난 일이다. "의인을 위하여 죽는

● 레 1:3. KJV, "여호와 앞에 기쁘게 받으시도록 드릴지니라", 개역개정.

자가 쉽지 않고 선인을 위하여 용감히 죽는 자가 혹 있거니와 우리가 아직 죄인 되었을 때에 그리스도께서 우리를 위하여 죽으심으로 하나님께서 우리에 대한 자기의 사랑을 확증하셨느니라." ᵇ롬 5:7-8

그는 극심한 고통 속에서도 **주저 없이** 자신을 드리셨다. 좌절하거나 낙심하지 않으셨다. 영혼의 괴로움으로 부르짖고 피 흘리고 소리치셨지만 마음은 확고했다. 맹세하고 뉘우치지 아니하시는 아버지의 제사장이 되어야 했기에, 아들 또한 서약하셨고 재앙과 사망의 위협 앞에서 돌이키지 않으셨다. ᵇ호 13:14

또한 그는 목적이 **효과적으로** 달성되도록 자신을 드리셨다. 피를 흘려 율법의 입을 막으셨다. 정의를 만족시켜 용서를 받아내셨다. 하나님의 면전에서 죄를 제거함으로써 우리를 풀어 주셨다. 마귀를 멸하고 사망을 폐하며 "복음으로써 생명과 썩지 아니할 것을 드러내"셨다. ᵇ딤후 1:10 믿는 자들을 위해 이런 일을 함으로써 세상에 큰 변화를 일으키셨고 그때로부터 영원까지 모든 것이 합력하여 선을 이루게 하셨다.

대제사장 직분을 수행하기 위한 준비과정을 다루었으니, 이제 이 직분의 후반부를 살펴보아야겠다. 그런데 그 전에 먼저 하나님께 제물을 드리는 **제단**에 대해 잠깐 다루는 것이 좋겠다.

그리스도가 자신을 속죄제물로 드릴 때 못 박히셨던 십자가를 제단으로 여기는 이들이 있음을 안다. 그러나 그것은 큰 오해다. 그리스도가 자신을 드리신 제단은 바로 그분 자신이기 때문이다. 이것은 그 안에 감추어진 지혜—세상과 적그리스도는 전혀 알지 못하는 지혜―의 보화다. 전에도 살짝 말했지만 좀 더 분명히 밝히자면, 제단이 언제나 제물보다 크다. 그리스도의 몸과 영혼이 제물이니―그래서 성경은 "우리 죄를 대속하기 위하여 자기 몸을" 주셨다고 말한다[갈 1:4]―제단은 저주의 나무나 하찮은 목재 그 이상일 것이 분명하다. 그러므로 솔로몬보다 지혜로우신 이가 제물을 제단보다 더 숭상했던 유대인들에게 하셨던 말씀을 나도 그대로 반복하겠다. "맹인들이여, 어느 것이 크냐? 그 예물이냐? 그 예물을 거룩하게 하는 제단이냐?"[마 23:19]

제단이 제물보다 크다면, 그런데 그 제물이 그리스도의 인성이라는 너무나도 큰 것이라면, 이제 어리석기 짝이 없는 자들에게 묻건대 십자가가 과연 그 제물보다 클 수 있겠는가? 어떤 이들이 숭배하는 십자가, 목재로 만든 십자가, 저주의 나무가 과연 그 제물 곧 그리스도가 우리 죄를 위해 드리신 그분 자신보다 더 클 수 있겠는가? 오, 그것은 우상숭배다! 신성모독이다!

그렇다면 제단은 무엇일까? 내 대답은 그리스도의 신적 본성 곧 영원하신 성령이라는 것이다. 그는 성령의 지원을 받아 "영원하신 성령으로 말미암아 흠 없는 자기를 하나님께 드"리셨다.[히 9:14] 영원하신 성령을 통해 드리셨다.

이미 말했듯이 제단은 제물보다 크다. 그리스도의 인성보다 큰 것은 신성뿐이다. 하찮은 목재나 나무나 나무토막은 아닌 것이 확실하다. 제단이 제물을 거룩하게 한다고, 즉 제물에 가치와 효력을 부여한다고 성경은 분명히 말한다. 그가 우리를 위해 하나님께 드리신 제물에 효력과 효과를 부여하는 것이 한낱 나무겠는가, 그리스도의 신성이겠는가? 자기 손가락을 셀 만한 능력이 있다면 한번 판단해 보라.

또한 옛 제단은 그 위의 제물이 다 탈 때까지 받쳐 주었다. 그런데 나무는 지금 우리가 살펴보는 제물을 받쳐 줄 수가 없었다. 영혼과 몸으로 이루어진 인간 제물, 고난당하는 이 제물을 받쳐 주려면 이성과 감각 모두에 작용해서 고통을 덜어 주고 도와주어야 했다. 고난당하는 상태에서도 하나님의 뜻에 온전히 복종하도록 심령까지 지켜 주어야 했다. 그런데 나무가 과연 그런 일을 할 수 있었으리라고 생각하는가? 일개 나무가 그리스도의 영혼과 감각, 주 예수의 이성과 감정을 지휘하고 다스림으로 그토록 고통당하는 쓰라린 고난 속에서도 흠 없이 잠잠하도록 지켜 주고 어느 한 군데 불완전한 구석 없이 그 큰 일을 완수하게 할 수 있었겠는가? 결코 아니다! 그로 하여금 흠 없는 자기를 하나님께 드릴 수 있게 하신 이는 오직 영원하신 성령뿐이다.

그렇다면 십자가의 역할은 무엇이었을까? 질문의 형식으로 대답해 보겠다. 구약 때 제물을 태웠던 나무의 역할이 무엇이었는가? 제단 위 제물을 태우는 것이었다. 제단이 아니라 제물을 태우는 재료였던 것이다. 그리스도가 고통과 괴로움을 당하신 십자가도 마찬가지다. 제단은 그 위의 나무와 제물이 계속 타도록 받쳐 주었다. 마찬가지로 그리스도가 달리신 나무와 제물인 그의 몸을 함께 받쳐 준 것은 그의 신적 능력이었다. 나무는 제물이나 제단이 아닌 제단 위의 재료였다. 나무가 아닌 거룩한 불이 제물을 태웠다.

그러니 나무는 나무의 자리에, 제물은 제물의 자리에, 제단은 제단의 자리에 두라. 자신들의 예배에 제단을 만들어 놓고 그 위에서 그리스도의 몸을 드리려 하지 않도록 조심하라. 나무나 제 손으로 만든 것들을 애지중지하는 어리석은 짓을 그만두라. 제단은 그 위의 예물 곧 제물보다 크다.

이제 **대제사장 직분의 후반부**를 다루면서 그가 어떻게 이 직분을 수행하시는지 밝혀 보겠다. 그러려면 전반부처럼 미리 필요한 준비과정부터 설명해야 한다. 보다시피 우리를 위해 희생된 유월절 양, 우리에게 은혜의 보좌로 나아갈 용기를 주는 제물이 여기 있다. 이제 그가 어떻게 이 제물을 지성소로 가져가시는지, 어떤 순서로 나아가시는지 살펴보자.

첫째로, 이 대제사장은 앞으로 더 나아가기 전에―이 제물을 가지고 무슨 일을 더 하시기 전에―자신이 이제까지 한 일에 대한 하나님의 평가를 기다려야 했다. 즉, 하나님이 과연 만족하셨는지 확인해야 했다. 하나님은 **그를 죽은 자 가운데서 살리심**으로써 이에 대한 최고의 선포를 하셨다. 우리 죄를 위해 죽으신 그리스도가 죽은 자 가운데서 살아나신 것은 하나님이 이 제물을 받으셨으며 우리 죄를 위해 희생된 이 제물에 충분한 효력과 가치가 있음을 인정하셨다는 명백한 증거였다. 그는 이렇게 하늘에 들어가도 좋다는 허락을 받으셨다. 하나님이 그를 죽은 자 가운데서 살리심으로써 그의 죽음을 의로운 것으로, 세상을 구원하기에 충분한 것으로 인정하셨다.

그리스도는 자신을 대속물로 내놓기 오래전부터 자신의 죽음이 이런 결과를 가져올 것을 알고 계셨다. "이것이 소 곧 뿔과 굽이 있는 황소를 드림보다 여호와를 더욱 기쁘시게 함이 될 것이라."[시 69:31] "주 여호와께서 나를 도우시므로 내가 부끄러워하지 아니하고 내 얼굴을 부싯돌같이 굳게 하였으므로 내가 수치를 당하지 아니할 줄 아노라. 나를 의롭다 하시는 이가 가까이 계시니 나와 다툴 자가 누구냐. 나와 함께 설지어다. 나의 대적이 누구냐. 내게 가까이 나아올지어다. 보라, 주 여호와께서 나를 도우시리니 나를 정죄할 자 누구냐. 보라, 그들은 다 옷과 같이 해어지며 좀이 그들을 먹으리라."[사 50:7-9]

이 모든 것은 그의 아버지 여호와 하나님이 하시는 일로서, 이미 말한 대로 그는 아버지가 이렇게 하실 것을 믿으셨다. 그는 이 하나님을 진정시켜야 했고, 그래서 과연 그 진노가 가라앉았는지 듣고 확인할 필요가 있었다. 그런데 하나님이 그를 죽은 자 가운데서 살리심으로써 이 제물을 받았노라 선포하신 것이다. 사도 바울과 베드로도 "이 예수를 하나님이 살리신지라", "하나님이 죽은 자 가운데서 그를 살리셨으니", "하나님이 죽은 자 가운데서 살리신 나사렛 예수 그리스도" 등의 표현을 통해 부활을 예수 스스로 살아나신 사건이 아니라 하나님이 그의 능력으로 살려 내신 사건으로 제시했다.[행 2:32, 3:15, 4:10, 5:30, 8:56, 13:30] 그래서 나도 하나님이 그리스도를 죽은 자 가운데서 살리심으로써 그가 드리신 제물을 기쁘고 만족하게 받았음을 알리셨다고 말하는 것이다.

둘째로, 하나님은 죄에 빠진 세상이 잘못 해석하지 않도록 그를 죽은 자 가운데서 살리신 일에 더하여 모든 사람이 아닌 신실한 자들—부활을 전하는 일을 맡길 만한 자들—에게 그를 엄숙히 나타내 보이셨다. 베드로는 말한다. "하나님이 사흘 만에 다시 살리사 나타내시되 모든 백성에게 하신 것이 아니요 오직 **미리 택하신 증인** 곧 죽은 자 가운데서 부활하신 후 그를 모시고 음식을 먹은 우리에게 하신 것이라."^{행 10:40-41}

이 말은 그가 드리신 제물의 값과 가치에 무언가 더하기 위해서가 아니라 그를 힘입어 영원한 구원을 얻을 자들의 믿음을 돕기 위해 필요했다. 바울은 이 사실, 즉 하나님이 그를 죽은 자 가운데서 살리신 일을 증언할 자들이 있다는 사실을 자세히 설명함으로 하나님이 그가 드리신 제물을 기쁘게 받으셨음을 사람들이 알고 그를 힘입어 담대히 은혜의 보좌 앞에 나아가 긍휼을 얻도록 격려하고자 했다.^{고전 15:1-8}

그리스도는 한순간 놀랍고 눈부시게 나타나신 것이 아니라 40일 밤낮 나타나 보이셨다. 성경은 동일한 자들 곧 "그가 택하신 사도들에게" 나타나셨다고 말한다. "그가 고난받으신 후에 또한 그들에게 확실한 많은 증거로 친히 살아 계심을 나타내사 40일 동안 그들에게 보이시며 하나님 나라의 일을 말씀하시니라."^{행 1:2-3} 이처럼 하나님은 그를 세상에 더 충분히 나타내 보이길 원하셨고, 부활과 승천 사이에 이 위대한 기간을 두심으로써 속죄가 이루어진 것을 믿을 근거를 마련해 주셨다.

대제사장 직분의 후반부를 수행하기 위해 선행되어야 했던 세 번째 준비는 **지성소에 들어가는 방식과 순서를 따르는 것이**

었다. 그렇다. 그는 그 방식과 순서에 따라 들어가셔야 했다. 앞서 말한 예복을 입고, 즉 순종의 효력으로 들어가셔야 했다. 피 뿌림을 받고 나아가셔야 했다. 성령의 외침과 함께 들어가셔야 했다. "하나님께서 즐거운 함성 중에 올라가심이여, 여호와께서 나팔 소리 중에 올라가시도다."시 47:5 아론의 옷 가장자리에 달린 방울들은 이를 예시하는 것이었다. 여기서 "함성"은 사람들과 천사들이 발하는 소리를 가리키며 "나팔"은 하나님이 기쁨으로 발하시는 소리를 가리키는 것으로 보인다. 성경은 주께서 강림하실 때도 그럴 것이라고 말한다. "주께서 호령과 천사장의 소리와 하나님의 나팔 소리로 친히 하늘로부터 강림하시리니."살전 4:16 그는 승천하실 때 모습 그대로 오신다. 아론이 성소에 들어가고 나올 때는 반드시 방울 소리가 울려야 했다.출 28:33-35 그의 부활 후에 무덤에서 나온 자들이 아니라면 누가 그와 함께 올라갔겠는가?마 27:53 그가 자신을 낮추어 이 땅에 계시는 동안 수종들었던 천사들이 아니라면 누가 그와 함께 올라갔겠는가? 그는 병거를 타고 악인들의 머리 위를 지나시며 사로잡은 자들을 바퀴로 밟으셨다. "그가 위로 올라가실 때에 사로잡혔던 자들을 사로잡으시고 사람들에게 선물을 주셨다."엡 4:8

그는 이렇게 허다한 천군과 온전하게 된 천만 의인의 영이 기다리는 거룩한 낙원으로 올라가셨다. 하나님의 특별한 현존의 장소인 가장 높은 하늘로 나아가셨고 그 우편에 앉으라는 명을 받으셨다. 이것은 예수께서 받으신 고난으로 인해 하나님이 그를 모든 피조물 위에 지극히 높이시고 모든 이름 위에 뛰어난 이름을 주시며 하늘에 있는 자들로 그 이름 앞에 엎드리게 하셨다는 표시이자 심판 날 땅에 있는 자들과 땅 아래 있는 자들 또한 엎드려 하나님 아버지께 영광을 돌리게 하시리라는 약속의 증표였다.빌 2:6-11

그는 이처럼 우리를 대신하여 하나님께 나아가 자신을 향기로운 제물로 드리셨고 하나님은 그 안에서 영원히 안식하신다. 이 제물에서 흐르는 피가 항상 곁에서 하나님을 기쁘시게 하며 설득하고 있다. 그를 힘입어 하나님께 나아가는 자들이 지은 죄의 정황이나 심각성이나 위중함은 그 피를 능가할 수 없고 무효화할 수 없다. 그가 항상 보좌 가운데 계시며 보좌 앞에 계신다. 일찍이 죽임을 당하신 어린양이 지금 우리를 위해 하나님 앞에 계신다.

그가 어떻게 중보하시는지, 말로 하시는지 실질적 효력으로 하시는지, 입의 소리로 하시는지 행위의 공로로 하시는지, 둘 다로 하시는지는 단정지어 말하지 않겠다. 땅 위에 사는 우리는 하늘에서 이루어지는 일들을 거의 알지 못하기에 지나치게 육신적으로, 또는 공상적으로 이해하기 쉽다. 그는 우리를 위해 자신이 당하신 고난의 효력과 가치를 하나님께 내세움으로 중보하신다. 우리를 위한 자신의 공로를 내세움으로 항상 설득하신다. 그 방식은 땅에 사는 우리가 상상할 수 있는 범위를 무한히 뛰어넘는 것이지만, 우리 연약함을 굽어살피시는 하나님이 이와 관련된 자신의 뜻을 나타내 보이신 덕분에 어린아이 수준으로나마 이해해 볼 수 있다.고전 13:11-12 하나님의 말씀이 계시해 주는 만큼 상상하는 것은 전혀 문제가 되지 않는다. 성경은 우리가 마시러 가는 개천 물구유에 세워진 버드나무와 살구나무와 신풍나무의 푸른 가지와 같다. 푸른 가지에서 흰무늬를 보기까지, 즉 성경에서 하나님의 마음을 보기까지 난관이 많지만 일단 보고 나면 상상할 수 있다.*

히브리서는 그가 하늘에서 기도하고 중보하신다고 하며, 또한 그의 피가 말한다고 한다. 그렇다면 육신을 입고 땅에 계실 때 흘리신 눈물과 심한 통곡과 신음과 탄식 또한 말을 하지 않겠는가? 나는 그러리라고 믿는다. 백성의 구원을 위해 하나님께 강력한 소리를 내리라고 믿는다. 그는 말로도 실질적 효력으로도 중보하실 수 있으며, 실질적 효력으로도 중보하시는 것이 확실하다. 이 구절들이 그런 중보의 방식을 보여주니 그렇게 이해해도 된다. 우리는 연약해서 실상을 온전히 이해하지 못하지만 그가 우리를 위해 중보하신다는 이 사실은 믿는다. 믿음에는 이해의 결함을 씻어 주는 이점이 있다. 우리는 그 믿음으로 구원받을 것이다. 그가 중보하시는 정황과 방식은 잘 모를지라도 그가 흘리신 피를 의지함으로, 하나님 앞에서 그 피가 갖는 가치의 설득력을 의지함으로 구원받을 것이다.

말씀은 우리가 하늘의 일 또는 하늘에 있는 것들의 이미지만 안다고 말한다. 그리스도가 육체로 오시기 전에 구원받은 많은

• 창 30:37-38. '품다'라는 뜻을 가진 단어 conceive에는 마음에 품는다는 뜻(상상)과 태에 품는다는 뜻(잉태)이 다 담겨 있다.

자들도 그를 전적으로 의지하고 올바로 의지함으로써 영혼의 구원을 받았지만, 그가 고난당하신 많은 정황에 대한 지식은 한참 부족했던 것이 분명하다.히 10:1 그가 유다에게 배반당하실 것을 그들이 알았겠는가? 군병들에게 채찍질당하실 것을 알았겠는가? 가시관 쓰실 것을 알았겠는가? 두 강도 사이에 못 박히시고 옆구리를 찔려 물과 피를 쏟으실 것을 알았겠는가? 요셉의 무덤에 장사되실 것을 알았겠는가? 자, 그가 장차 와서 자신들을 위해 죽으실 것을 믿음으로써 구원받은 모든 자들이 이런 사실들을 비롯하여 그의 죽음을 둘러싼 더 많은 정황을 알았겠는가? 그러리라 생각하는 자는 몽매한 것이다. 성경적으로나 이성적으로나 그렇게 생각할 근거가 없다. 그가 항상 살아 계셔서 우리를 위하여 중보하신다고 믿는 지금의 우리도 그가 중보하시는 방식이나 방법에 대한 이해가 한참 부족하기는 마찬가지다. 그러나 그의 죽음과 공로가 하나님 앞에서 우리를 위해 소리를 낸다는 것은 믿는다. 그렇다. 땅에 사는 우리가 도저히 상상할 수 없는 방식으로 그가 하나님 앞에서 자신의 공로를 내세움으로 중보하시는 것을 믿는다.

성경은 예수 안에 "신성의 모든 충만이 육체로" 거한다고 말한다.골 2:9 또한 그가 하나님의 보좌이신 동시에 하나님의 보좌 우편에 앉아 계신다고 말한다.사 22:23, 히 12:2 이것은 가장 약한 자가 이해할 수 없는 것은 물론이요 가장 강한 자가 온갖 지혜와 재주를 쥐어짠다 해도 알 수 없는 말이지만 하늘의 진리를 담고 있다. 하늘의 일을 믿기란 쉽지 않다. 그렇다. 신자들조차 땅에 사는 동안에는 믿기 어려우며 믿더라도 연약하고 허약하게 믿을 뿐이다. 다만 내가 믿는 바는 그리스도가 하나님 앞에 나타나시는 일 자체가 대언자의 탄원이 되는 동시에 대제사장의 중보가 된다는 것이다. 그가 살아서 거기 계시는 일 자체가 지속적인 중보가 된다는 것이다.히 9:24, 롬 5:10

아직 더 다룰 문제가 있다. 그리스도의 인성 안에 신성의 모든 충만이 육체로 거한다면, 대체 어떻게 그가 하나님 앞에 나타나 중보하신다는 것일까? 그리스도가 은혜의 보좌요 시은좌시라면, 대체 어떻게 그 위에 앉으신 하나님 앞에 나타나 자신의 피를 뿌리신다는 것일까? 또한 그리스도가 향단이시라면, 대체 어떻게 제사장으로 보좌 앞 향단 곁에 서서 모든 성도의 기도를 드리신다는 것일까?

여기 쓴 내용은 전부 사실이다. 참된 사실이다. 그러나 구원받은 모든 사람이 이것을 다 이해하리라고는 믿지 않는다. 내 말은 이런 구절들에 나타나는 외견상의 모순을 다 해결할 수 있을 만큼 이해하지는 못한다는 뜻이다. 그래서 하나님이 자신의 비밀을 온전히 이해하도록 마련하신 수업이 세 가지 있다.

• 글자. 나는 의식법을 이렇게 부른다. 마치 아이들에게 글자를 써 주듯 모든 것을 낱낱이 명확하게 제시해 주기 때문이다. 그 안에 제사장도 있고 제사도 있고 제단도 있고 성소도 있고 시은좌도 있다. 전부 명확하게 나와 있다.

• 단어. 이 글자들은 복음에서 **한 단어**로 모이는데 '그리스도'가 바로 그 단어, 하나님의 마음에서 나온 그 단어다. 복음은 그

리스도를 그 제사장과 그 제물과 그 제단과 그 은혜의 보좌로 제시한다. 그가 전부시다. 낱낱의 글자들이 한 단어로 합쳐지듯 이 모든 것은 그리스도로 합쳐진다.

• 단어 다음은 **의미**로서, 의미는 글자나 단어보다 익히기가 어렵다. 더 높은 단계로 나아가고 "온전한 사람"으로 장성해야 온전히 이해할 수 있다.^{엡 4:13} "온전한 것이 올 때에는 부분적으로 하던─ 알던─ 것이 폐하리라."^{고전 13:10}

그전까지 우리가 할 일은 글자들을 한 단어로 모으는 법, 의식儀式들을 그리스도께로 모아 완결하는 법을 배우는 것이다. 내 말은 대제사장직도 그리스도 안에서, 제물도 그리스도 안에서, 제단도 그리스도 안에서, 은혜의 보좌도 그리스도 안에서, 그로 말미암아 세상을 자기와 화목하게 하시는 하나님 또한 그리스도 안에서 찾는 법을 배워야 한다는 것이다. 땅에 사는 동안 이를 잘 배우면 장차 책망받을 일이 없을 것이다! 복음이 계시하는 그리스도를 배우는 것이야말로 우리가 받을 수 있는 최고의 수업이다. 바울은 말한다. "내가 너희 중에서 예수 그리스도와 그가 십자가에 못 박히신 것 외에는 아무것도 알지 아니하기로 작정하였음이라."^{고전 2:2}

그리스도인, 기도하면서 말씀을 잘 파고드는 그리스도인은 어느 정도 시간이 지나면 그리스도에 대해 상당한 지식을 얻게 된다. 여기서 알려 주는 대로, 성경이 알려 주는 대로 그를 아는 것이 곧 영생이다.^{요 17:3} 그러니 성경을 항상 곁에 두고 믿음으로 그 권위에 복종하라. 그러면 확실히 믿음이 커질 것이다. "복음에는 하나님의 의가 나타나서 믿음으로 믿음에 이르게 하나니 기록된바 오직 의인은 믿음으로 말미암아 살리라 함과 같으니라."롬 1:17, 16:25-27

그리스도가 죽으시고 장사되시고 다시 살아나시고 승천하시고 계속 살아 계셔서 당신을 위해 중보하심을 믿으라. 인간은 신비 속에서 길을 잃기 쉬우니 너무 깊이 파고들지 않도록 조심하라. 그러므로 이 사실, 그가 어떻게 중보하시는지는 몰라도 중보하신다는 이 사실을 아는 데서 멈추는 것이 좋다. 나라의 법정에서도 누군가 탄원하여 다른 이의 사면을 받아 내는 경우가 있다. 사면 소식을 들은 당사자는 누구의 탄원으로 사면받았는지는 알아도 그가 탄원한 방식은 모를 수 있다. 적어도 부분적으로는 우리 또한 그리스도의 중보에 대해 그 정도밖에 알 수가 없다. 이 말의 의미는 하나님이 그리스도 때문에, 그리스도가 그 피로 나를 의롭다 하셨기 때문에 구원해 주신다는 이 사실을 믿으라는 것이다. "그러면 이제 우리가 그의 피로 말미암아 의롭다 하심을 받았으니 더욱 그로 말미암아 진노하심에서 구원을 받을 것이니."롬 5:9

나는 그가 중보해 주심으로, 불쌍한 죄인인 나와 내가 거역한 하나님 사이에 개입해 주심으로, 날 대신하여 하나님께 아뢰는 그 피와 공로의 소리를 통해 개입해 주심으로 구원을 받는다. 그리스도가 날 위해 피를 흘려 주셨기에, 하나님이 그와 맺으신 영원한 언약에 따라 은혜로 그의 공로를 내게 전가해 주시기에 그 은택을 입어 구원을 받는다. 이것이 내가 그의 중보에 대해 알고 있는 사실이다. 그의 중보 행위 자체, 즉 그가 **어떻게** 중보하시는지에 대해 알고 있는 사실이다.

늘 마음에 걸리는 점은 그 안에 신성의 모든 충만이 육체로 거하는 분, 그 인성으로 은혜의 보좌가 되신 분, 하나님의 영원한 안식처이자 지성소가 되신 분이 마치 별개의 인간처럼 아버지와 공간적으로 떨어져 서서 자기 공로를 내세우며 백성의 생명과 구원을 위해 소리 내서 기도하시는 모습을 상상하는 것이 너무 육신적인 태도는 아닌가 하는 것이다. 이 일의 참된 의미를 이해할수록 신성과 공존하는 인간 본성, 하나님과 영원히 결합된 인간 본성의 존재와 가치를 깨닫게 된다. 그가 인간으로 세상에 계시면서 택한 자들을 자기와 화목하게 하신 일은 하나님의 목전에서 신적인 본성을 설득하기에 여전히 합당하며 앞으로도 합당할 것이다. 오직 이 신성 안에 모든 불가능을 굴복시키는 능력, 화목하게 된 자들을 보전하여 영생을 얻게 하는 능력이 있다. 이 외에 달리 어떻게 표현해야 할지 모르겠다.

그리스도가 인간 본성을 지녔다는 말은 그가 감각과 이성과 의지력과 정서를 빠짐없이 갖춘 인간이셨다는 뜻이다. 그런데 그 인간 본성은 신적인 의지로 귀결된다. 죄인을 구원하고자 하는 신적인 의지 또한 인성의 공로와 의지로 귀결됨으로써, 아들은 아버지의 의지를 따르고 아버지는 아들의 의지에 영원히 동의하신다. 아들의 의지는 아버지가 자신에게 주신 자들을 자신이 있는 곳에 자신과 함께 있게 하시며 자신의 영광을 보게 하시려는 것으로서요 17:24 그의 무한한 공로—아버지의 안식처—가 그 의지를 뒷받침한다.

이제 대제사장의 의지와 애정에 대해 살펴보자.

(2) 그리스도가 대제사장이 되기 위해 **육신으로 갖추신 자격**은 다음과 같다.

첫째로, 내가 주장하는 바는 **그의 본성과 인간의 본성이 다르지 않다는 것**이다. 천사는 우리를 아주 사랑하나 본성은 공유하지 않기에 우리 괴로움에 공감할 수 없다. 본성에는 특유의 공감대가 있다. 그렇기에 그가 육신적으로 우리와 같이 되신 것이—죄를 제외하고—우리에게도 유익하다. 그는 우리와 같은 인간, 혈과 육을 함께 지니신 인간이다. 여자에게서 태어나셨고, 모든 점—성령이 제외하신 것 외의 모든 점—에서 우리와 같이 되셨다. "자녀들은 혈과 육에 속하였으매 그도 또한 같은 모양으로 혈과 육을 함께 지니심은……확실히 천사들을 붙들어 주려 하심이 아니요 오직 아브라함의 자손을 붙들어 주려 하심이라."^{히 2:14, 16}

이것은 엄청난 자격이다. 이미 말한 대로 본성에는 공감대가 있다. 인간은 짐승이 해를 입는 상황보다 인간이 해를 입는 상황에 본성적으로 더 크게 동요한다. 짐승은 짐승대로 인간보다 자기 동류에게 해를 끼치려는 시도에 더 크게 동요한다. 왜 그럴까? 자, 본성에는 공감대가 있기 때문이다. 성경은 하나님 집의 대제사장이신 그리스도가 우리와 한 본성을 지니셨다고 명백하게 단언한다. "하나님이 그 아들을 보내사 여자에게서 나게 하시고."^{갈 4:4} "육신으로는 다윗의 혈통에서 나셨고."^{롬 1:3} "육신으

로 하면 그리스도가 그들[조상]에게서 나셨으니."롬 9:5, 딤후 2:8 이
것은 대제사장의 자격을 충분히 갖추는 데 필요한 요소임이 틀
림없다.

"죽음의 세력을 잡은 자 곧 마귀를" 멸하고 자기 백성을 구원
하기 위해 인간 본성을 입으셔야만 했던 부분에 대해서는 지금
다루지 않겠다.히 2:14-15 우리의 주제에서 지나치게 벗어남으로 독
자의 주의를 흩뜨릴 위험이 있기 때문이다. 우리는 그의 대제사
장 직분과 그에 요구되는 육신의 자격을 다루는 중이다. 그렇다.
본성에는 공감대가 있기에 본성은 중대한 자격이 된다. 공감해
야 가해자에 대한 경계심과 분노로 피해자를 도우려는 마음이
일어난다. 자기 백성을 위해 죽으셨을 뿐 아니라 지금도 계속 살
아서 중보하시는 주 예수는 그들의 영생을 빼앗으려는 것들이
있을 때 새끼를 빼앗긴 암곰보다 더 크게 노하신다.잠 17:12

둘째로, 우리 대제사장이신 그리스도는 우리와 본성이 같기
때문에도 공감하시지만 우리와 맺은 관계 때문에도 공감하신
다. 그는 우리의 본성을 입으셨을 뿐 아니라 우리와 한 형제가
되셨다. 알다시피 형제애는 본성보다 강하다. 본성과 관계가 합
쳐지면 이중의 의무감이 생겨난다. "거룩하게 하시는 이―그
리스도―와 거룩하게 함을 입은 자들―성도들―이 다 한 근
원―하나님―에서 난지라.―전부 한 아버지의 자녀로 하나님
께 속한지라.―그러므로 형제라 부르시기를 부끄러워하지 아니
하시고 이르시되 내가 주의 이름을 내 형제들에게 선포하고 내
가 주를 교회 중에서 찬송하리라 하셨으며."히 2:11-12

관계가 중요하다. 육친의 관계가 무엇보다 중요하다. 자, 대제사장이신 그리스도와 그가 항상 살아서 중보해 주시는 자들은 육친의 관계를 맺고 있다. 그렇다. 고통과 괴로움에 종속된 본성을 가진 한 인간일 뿐 아니라 육친의 관계까지 맺고 있다. "자녀들은 혈과 육에 속하였으매 그도 또한 같은 모양으로 혈과 육을 함께 지니심은……." 그는 자기 형제를 위해 일하시며 자기 형제를 위해 중보하신다. 세바와 살문나를 심문하던 기드온은 그들이 자기 형제들을 살해한 것을 알고 노기가 충천하여 그들 또한 죽음에 처할 것을 맹세했다.[삿 8:18-21] 이처럼 관계는 중대한 요소다. 성경은 또 이렇게 말한다. "그가 범사에 형제들과 같이 되심이 마땅하도다. 이는 하나님의 일에 자비하고 신실한 대제사장이 되어……."[히 2:17] 형제는 위급할 때 나서서 도울 뿐 아니라 그보다 더한 일도 한다.[잠 17:17] 이것이 그리스도가 우리 대제사장이 되기 위해 갖추신 또 다른 자격, 두 번째 자격이다. 그는 우리와 형제 관계를 맺은 우리의 형제시다. 이 관계 때문에 더 큰 애정을 품고 우리를 위해 중보하신다.

셋째로, 그리스도 예수가 우리 대제사장이 되기 위해 육신으로 갖추신 뛰어난 자격은 **자신을 낮추어 이 땅에 계시는 동안 시험을 받으시고 연약해지신 것이다.** 엄밀히 볼 때 시험과 연약함은 우리 본성에 내재된 요소는 아닌 것이 사실이다. 그의 본성과는 더더욱 무관하다. 그러나 시험과 고통의 성격이 같은 것이라면 그가 받으신 시험과 우리가 받는 시험은 당연히 같다. 모든 점에서 같다. 성경이 그렇게 말한다. "모든 일에 우리와 똑같이 시험을 받으신 이로되 죄는 없으시니라." 하나님을 불신하게 만드는 시험을 받는가? 그도 받으셨다. 자살을 부추기는 시험을 받는가? 그도 받으셨다. 매력적이지만 헛된 세상 것들의 시험을 받는가? 그도 받으셨다. 우상을 숭배하고 마귀를 예배하라는 시험을 받는가? 그도 받으셨다.^{마 4:3-10, 눅 4:1-13} 이 점에서 그는 우리와 똑같으셨다. 그렇다. 구유에서 태어나 십자가에 달릴 때까지 평생 "간고를 많이 겪었으며 질고를 아는 자로", 슬픔과 고통을 아는 자로 사셨다.^{사 53:3}

그가 하나님의 명에 따라 이렇게 되셨으며 이런 일들을 겪으셨다는 사실에 주목하라. 그렇다. 더 큰 사랑과 연민으로 제사장의 일을 더 잘 수행하기 위해 범사에 우리와 같이 되셔야 했다. "그러므로 그가 범사에 형제들과 같이 되심이 마땅하도다. 이는 하나님의 일에 자비하고 신실한 대제사장이 되어—대제사장의 자격을 갖추어—백성의 죄를 속량하려 하심이라. 그가 시험을 받아 고난을 당하셨은즉 시험받는 자들을 능히 도우실 수 있느니라."^{히 2:17-18}

그가 어떻게 이 자격을 갖추셨는지, 그 목적이 무엇인지 보라. 그는 범사에, 모든 점에서 우리와 같은 시험을 받고 고난을 당하셨다. 우리를 동정하기 위해, 하나님의 일에 자비하고 신실한 대제사장이 되어 죄 때문에 하나님과 백성 사이에 생긴 불화를 해소하고 백성의 죄를 속량하기 위해 이렇게 하셨다. 그렇다. 시험을 받고 고난을 당하심으로써 대제사장의 일을 할 준비와 능력을 갖추셨다. "그가 시험을 받아 고난을 당하셨은즉 시험받는 자들을 능히 도우실 수 있느니라." 그래서 나도 이것을 육신의 자격이자 필수적인 자격으로 제시하는 것이다. 그는 우리와 동류가 되셨다는 점에서, 즉 우리와 같은 시험을 받으셨다는 점에서, 우리와 본성이 같고 구조가 같고 타고난 성향—하나님이 막아 주지 않으시면 그와 우리를 망칠 수 있는 성향—이 같다는 점에서 육신의 자격을 갖추셨다. 또한 이것은 필수적인 자격이기도 한데, 시험 자체 때문이 아니라 시험을 통해 악에서 선을 끌어내시고 어둠에서 빛을 끌어내셨다는 점에서 그렇다. 그는 우리를 위해, 자비하고 신실하게 우리를 구해 주기 위해 시험의 공격과 괴롭힘을 당하셨다.

넷째로, 우리를 위해 중보하기에 더 적합한 대제사장이 되기 위해 갖추셔야 했던 또 한 가지 자격은 **우리를 지체로 삼으시는 것**이었다. 그는 바로 자기 자신, 자기 몸, 자기 몸의 각 지체를 위해 중보하신다. 율법 아래 있는 대제사장은 자신을 위한 제사부터 드려야 했다. 먼저 자신을 위해, 자기 죄를 위해 제사를 드린 후에 "백성의 허물을 위하여" 제사를 드려야 했다.[히 9:7] 그렇다고 그리스도가 행위로 직접 지으신 죄, 본인의 죄가 있었다는 것은 아니다. 그것은 거룩하신 이의 이름을 모독하는 말이다. 내가 하려는 말은 그가 백성의 죄를 "나의 죄"로 삼으셨다는 것이다.[시 69:5] 그렇다. 성부 하나님이 그들의 죄를 그의 죄로 삼으셨다. 그가 항상 살아서 중보하시는 대상은 그와 연합되어 그 몸의 지체, 살과 뼈의 지체가 된 자들이다. 그의 일부가 된 자들이다.[고후 5:21]

지금 우리는 육신의 자격을 살펴보는 중인데, 이것이 그 한 가지 자격이다. 그가 항상 살아서 중보하시는 대상은 그의 지체, 그 몸의 지체들이다. 성경이 그렇게 말한다. "우리는 그 몸의 지체임이라."^{엡 5:30} 그래서 교회에 친밀한 관심을 쏟으시는 것이다. 자신의 일부이기에, 자신의 관심사이기에, 자신의 육체이기에 관심을 쏟으시는 것이다. "누구든지 언제나 자기 육체를 미워하지 않고 오직 양육하여 보호하"는 것은 그 육체가 연약한 탓이다.^{엡 5:29} 그리스도가 죄인을 사랑하지 않으심에도 우리를 돌보지 않으실 수 없는 것은 우리가 그의 일부이기 때문이다. 본성적으로 돌보지 않으실 수가 없다. 그렇다. 우리가 미약하고 연약할수록 더 우리 연약함을 동정하시고 우리 때문에 괴로워하신다. "우리에게 있는 대제사장은 우리의 연약함을 동정하지 못하실 이가 아니요."^{히 4:15} 그는 항상 우리의 머리시요 우리는 그의 지체이기에 어느 한 순간도 공감하지 않으실 때가 없다.

내가 여기에 덧붙이고 싶은 말은 약한 지체일수록 더 돌보시고 불쌍히 여기시며 해를 입지 않도록 지켜보시고 살펴 주신다는 것이다.[•] 나는 아이 노릇을 하며 아이들과 어울리길 좋아하는데, 그러면서 배우는 바가 있다. 한번은 손가락이 아픈 아이를 만났는데 너무 아파서 아예 움직이지도 못했다. 그 약한 손가락 때문에 다른 손가락들도 쓰기 힘들어했다. 나는 안타까워하며

• 번연은 앞을 보지 못하는 딸 메리를 가장 아끼고 살폈다. 설교하다가 투옥되었을 때도 세상 그 어떤 것보다 딸 때문에 가슴 아파했다. "앞 못 보는 내 불쌍한 아이, 오, 그 아이가 겪을 어려움을 생각하면 가슴이 미어진다"[『넘치는 은혜』*Grace Abounding*, paras. 320, 329].

말했다. "이런! 안됐구나, 애야, 손가락이 아프네!" 그러자 아이는 "아!" 하며 눈물이 글썽해져서 내 위로를 받으려고 다가왔다. 그리고 내가 아픈 손가락을 만지려 하자 "오! 아프니까 만지지 마요"라고 했다. 나는 "이 손가락으로는 아무것도 할 수 없니?" 라고 물었고, 아이는 "못해요. 이쪽 손을 아예 못 움직여요"라고 했다. 그래서 내가 말했다. "그럼 이 손가락은 잘라 버리고 더 좋고 용감한 금 손가락을 살까?" 아이는 깜짝 놀라 내 얼굴을 쳐다보더니 휙 돌아섰고, 성이 난 듯 더 이상 친해지려 들지 않았다.

그때부터 나는 이 아이에게서 얻은 좋은 설교를 사용하기 시작했고 지금까지도 사용하고 있다. 지체가 그토록 귀중한 것이라면, 가장 약하고 쓸모없는 지체도 아이가 그토록 아꼈다면, 그 쓸모없는 손가락을 아끼고 안타까워해 주는 사람만 친구로 여겼다면, 그리스도는 얼마나 더 큰 관심을 자기 몸의 지체들에게 쏟으시겠으며 아무리 쓸모없는 영혼이라도 단지 지체라는 이유로 얼마나 더 큰 연민을 느끼시겠는가! 이 모든 것을 예수 그리스도께로 돌려 생각하는 즉시, 타락과 문제가 아닌 꿀이 아이의 아픈 손가락에서 흘러나온다. 아이와 놀았던 이야기는 여기까지만 하겠다. 그리스도인이 머리의 지체가 된다는 너무나 중대한 진리를 다루면서 이런 이야기를 한 것을 양해해 주기 바란다. 아이가 아무리 아픈 손가락을 아낀들 하나님의 아들이 고통당하는 지체를 아끼시는 마음에 비할 수는 없다. 그는 우리 연약함을 동정하지 않으실 수가 없다.

아! 자기 다리나 눈이나 발이나 손이나 손가락을 잃게 되었는데도 많은 간구와 기도와 중보를 올리지 않을 이가 있겠는가? 그런데 그리스도만 새끼를 모질게 대하는 어리석은 타조처럼 자기 지체를 모질게 대하시리라 생각할 수 있겠는가?욥 39:16 그럴 수 없다. 지체 중 하나만 잃어도 그는 손상과 장애를 입고 불구가 되시며 불완전해지고 기형이 되신다. 성경은 그의 몸을 그의 "충만함"이라고, "만물 안에서 만물을 충만하게 하시는 이의 충만함"이라고 부른다.엡 1:23 이를 보면 대제사장이신 그리스도가 항상 살아서 중보하시는 대상들을 중히 여기시는 것이 당연함을 알게 된다. 그렇다. 자신의 지체이기에 측량할 수 없을 만큼 중히 여기신다.

그리스도가 갖추신 합당한 자격을 밝히기 위해 본성과 관계와 지체됨을 강조했지만, 그렇다고 이것을 전적인 토대로 제시하는 것은 아니다. 그러면 어떤 불완전한 인간이 이런 자격을 다 갖추었다고 주장할지도 모른다. 어떤 죄로 가득한 인간이 본성과 관계와 지체됨의 자격을 다 갖추었다고 나설지 알겠는가? 내가 지금까지 한 말은 당신의 연약한 육체의 수준에 맞추어 설명한 것에 불과하다. 내가 다음으로 또 할 수 있는 말은 다른 의도와 관련해서도 예수 그리스도는 우리의 대제사장이 되신다는 것이다. 우리는 그가 값을 주고 사신 존재다. 그가 그렇게 여기신다. 우리는 그의 보배. 그가 그렇게 여기신다. 우리는 그의 재산이다. 그가 그렇게 여기신다.시 16:5-6 알다시피 이런 관심의 대상이 있으면 그를 위해 많은 일을 하고 많은 말을 하며 오래고도 많은 중보를 하는 법이다.

(3) 이제 지극히 뛰어난 육신의 자격을 더 상세히 다루면서 오직 그만 갖추신 자격, 우리와 관련된 자격들을 밝혀 보겠다.

그리스도는 **거룩하시므로** 대제사장이 되기에 합당하시다. 사람을 멀어지게 만드는 거룩함이 있고 가까이 다가오게 만드는—곤고한 자들은 더욱 다가오게 만드는—거룩함이 있다. 이 직분을 맡으려면 거룩해야 한다. 이것은 거룩할수록 잘 수행할 수 있는 직분, 거룩하지 못하면 수행할 수 없는 직분이다. 거룩한 자는 이 직분과 관련된 대상을 신실하게 대한다. 여기 나오듯이 그리스도가 "신실한 대제사장"이 되신 것은 거룩하시기 때문이다. "이러한 대제사장은 우리에게 합당하니 거룩하고……."^히 ^{2:17, 7:26} "여호와는—그리스도 또한—선하시고 정직하시니 그러므로 그의 도로 죄인들을 교훈하시리로다."^{시 25:8} "사람을 공의로 다스리는 자, 하나님을 경외함으로 다스리는 자여."^{삼상 23:3}

내가 이 구절들을 언급하는 것은 거룩해야만 이 직분을 더 잘 수행한다는 점을 밝히기 위해서다. 그런데 하나님이 멜기세덱의 반차를 따르는 대제사장이라고 칭하신 거룩하신 그리스도가 하나님 앞에서 당신을 위해 이 직분을 수행하고 계신다. 부르심을 받고 회심한 후에도 당신에게 들러붙어 있는 죄악, 육체에서 튀어나오고 흘러나오는 죄악까지 용서받고 하나님과 화목케 되도록 계속 일하고 계신다. 우리는 지금 그리스도가 수행하시는 제사장 직분의 후반부를 다루는 중이다. 그렇다. 그는 바로 이 일을 하신다. 그를 힘입어 하나님께 돌이킨 후에도 삶 속에서 계속 범하게 되는 죄악, "성물과 관련된 죄책"을 제거해 주신다.^{출 28:38}

그 자신이 거룩하시기에 아무 거리낌 없이 하나님이 맡기신 직분을 우리를 위해 수행하신다. 그는 약점이 있었고 거룩하지 못했던 대제사장들과 반대되는 분으로서, 이 때문에 그들 대신 세워지셨다. "율법은 약점을 가진 사람들을 제사장으로 세웠거니와 율법 후에 하신 맹세의 말씀은 영원히 온전하게 되신―거룩하게 성별되신―아들을 세우셨느니라."^{히 7:28} 이것은 중대한 사실이다. 우리에게는 이처럼 거룩하신 대제사장, 거룩하시기에 우리를 위해 맡은 일 곧 "예물과 속죄하는 제사"를 드리는 일을 실패 없이 온전하게 수행하는 대제사장이 계신다. 이것이 그의 한 가지 자격이다.

거룩함에 더하여 갖추신 또 한 가지 자격은 **악이 없다**는 것이다. "이러한 대제사장은 우리에게 합당하니 거룩하고 악이 없고."^{히 7:26} 오, 악한 자가 직분을 맡으면 얼마나 큰 해악을 끼치는지! 그런 자는 편파적으로 일한다. 가난한 자의 권리를 빼앗으며 명분과 사람과 이익을 놓고 거래한다. 자기 악한 마음이 시키는 대로 무언가를 하거나 하지 않는다. 그는 "가난한 백성을 압제하는 악한 관원"이다.^{잠 28:15} 그러나 우리 대제사장 예수께는 악이 없다. 그 누구도 부당하게 대하지 않으신다. 그 누구의 것도 빼앗지 않으신다. 그 누구도 멸시하지 않으신다. 자기를 힘입어 하나님께 나아오는 그 누구에게도 복된 중보의 유익과 은택을 베풀길 거절하지 않으신다. 외모를 보지 않으시며 사례를 받지 않으신다. 악한 자는 편견을 품고 화를 내며 미워한다. 해칠 기회를 찾는다. 도울 힘이 있어도 남의 몫을 지켜 주거나 남의 권리를 인정하지 않으며 어떻게든 이용하려 든다. 오! 그러나 그리스도께는 악이 없다. 비둘기처럼 악이 없다. 어떤 악한 것도 생각지 않으시고 의도하지 않으시고 행하지 않으신다. 그 어떤 악이나 악의 없이 오직 은혜로 당신을 위해 중보하신다! 당신의 외모를 보고 편견을 품지 않으신다. 진정으로 그를 힘입어 하나님께 나아가기만 하면 아무리 연약하고 미약하며 분노를 살 만한 모습이 많아도 주저 없이 당신의 이름을 부르며 간구하신다. 이처럼 그는 거룩하시고 악이 없으므로 우리를 위해 중보하는 대제사장이 되기에 더욱 합당하시다.

이뿐만이 아니다. 그에게는 **더러움도 없다.** "이러한 대제사장은 우리에게 합당하니 거룩하고 악이 없고 더러움이 없고" 이 말은 지금이든 어느 때든 그의 직분 수행에 아무 흠이 없다는 사실, 흠을 찾으려야 찾을 수 없다는 사실을 알려 준다. 인간은 거룩해도 더러워질 수 있다. 그런데 우리가 받는 명령은 거룩할 뿐 아니라 더러움이 없어야 한다는 것이다. 복음의 관점에서는 모든 그리스도인이 그래야 한다. 오! 그러나 그리스도는 율법의 관점에서도 더러움이 없다. 율법의 시각에서도 아무 더러움이 없다. 이것은 우리가 무슨 짓을 해도 그 속에 해를 끼치려는 마음을 불러일으킬 수 없다는 사실, 그런 마음을 부추기는 요소 자체가 그 속에 아예 존재하지 않는다는 사실을 보여준다는 점에서 중요하다. 더러운 사람 속에는 자기 직분을 불성실하게 수행함으로 본디 유익을 끼쳐야 할 대상에게 이유 없이 해를 끼치게 만드는 요소가 있다. 그러나 우리 주 예수처럼 더러움이 없는 분,

율법의 관점에서도 더러움이 없는 분은 자기 직분을 잘못 수행함으로써 남에게 해를 끼치는 경우가 없을 뿐 아니라 아예 그럴 수가 없다. 맡은 일을 불성실하게 하는 법 자체를 모르신다. 그는 거룩하고 악이 없고 더러움이 없는 분이시다. 이것은 중대한 사실이다. 그 속에는 해를 끼치려는 마음의 원천이나 뿌리 자체가 없다. 우리 속에는 쓴 뿌리가 있어 거기서 돋아난 것이 우리 자신뿐 아니라 남들까지 더럽힐 때가 많다.^{히 12:15} 오! 그러나 우리 대제사장께는 더러움이 없다. 스스로 부패하지 않으실 뿐 아니라 남들도 부패시키지 않으신다. 자신에게 맡겨지고 할당된 임무를 이행하고 우리 필요를 채우는 가운데 공정하고도 성실하고 거룩하며 정당하게 직분을 완수하신다.

이것이 전부가 아니다. 그는 거룩하고 악이 없고 더러움이 없을 뿐 아니라 **죄인에게서 떠나 계신다.** 잉태된 방식도, 조성된 성분도 다르다. 대제사장직의 후반부를 수행하려면 이처럼 죄인에게서 떠나 계셔야 한다. 그는 육체의 생식을 통해 잉태되지 않으셨다. 오염되고 더러운 본성으로 조성되지 않으셨다. 그는 부패하고 얼룩지고 불완전한 재료로 직분을 수행하지 않으신다. 티 없는 재료로, 흠 없는 제물을 드린 티 없는 제사로 수행하신다. 그와 그의 제물은 율법 아래 있는—죄와 결함이 있는—제사장이나 제물과 완전히 다르다. 이 점에서 그는 천사가 짐승에게서 떠나 있는 것보다 더 그들에게서 떠나 계신다. 그에게는 죄인의 특징이나 행동이나 성향이 전혀 없다. 그는 고유한 방식으로 행하신다. 죄인의 방식을 보고 배우신 적이 없다. 오직 아버지의 방식만 보고 배우셨다. 인간은 올바른 데가 하나도 없기에 그들의 제사장이 되시려면 그들에게서 떠나 계셔야 한다.

그는 이런 분이실 뿐 아니라 **"하늘보다 높이 되신 이"**다. "이러한 대제사장은 우리에게 합당하니 거룩하고 악이 없고 더러움이 없고 죄인에게서 떠나 계시고 하늘보다 높이 되신 이라." 하나님의 눈에는 아무리 거룩한 자라도 부정하고 하늘이라도 부정하다고 성경은 말한다. "하나님은 그의 종이라도 그대로 믿지 아니하시며 그의 천사라도 미련하다 하시나니." 욥 4:18 "하나님은 거룩한 자들을 믿지 아니하시나니 하늘이라도 그가 보시기에 부정하거든." 욥 15:15

하늘보다 높이 되셨다는 이 표현은 우리 대제사장이 하늘이나 천사보다 더 고귀한 분이심을 알려 준다. 그렇다. 그 누구보다 정결하고 온전한 분이심을 알려 준다. 모든 천군이 그가 우리를 위해 하나님께 중보하신 대로, 그의 명령에 따라 행한다는 사실 또한 알려 준다. 모든 천사가 그를 경배하며 그의 명령에 따라 상속자들을 섬기고 있다. 히 1:14 더 나아가 이 말은 우리 대제사장이 타락하거나 부패할 수 없다는 사실을 보여준다. "하늘보다 높이 되신 이"시기에 그럴 수가 없다. 하늘의 영들은 부패할 때가 있다. 벧후 2:4 하늘도 쇠하고 낡는다. 히 1:10-12 성경에서 하늘은 우리가 이를 수 있는 가장 먼 곳이다. 그런데 그는 그 하늘 위에 계신 분, 그 하늘보다 높이 되신 분, "모든 하늘 위에 오르신 자" 엡 4:10 "여전하여 연대가 다함이" 없는 분이시다. 히 1:12 "예수 그리스도는 어제나 오늘이나 영원토록 동일하시니라." 히 13:8 이처럼 이 말은 그리스도가 천사나 하늘처럼 부패하거나 타락하시는 경우가 없으며 직분을 수행하는 데 지치거나 냉담해지시는 경우 또한 없음을 보여준다. 그는 이 일을 마치고 성소에서 나오실 마지막 순간에도 처음 대제사장이 되어 우리를 위한 복된 직분을 맡으셨던 순간과 똑같은 애정과 넘치는 사랑으로 기꺼이 우리의 구원을 소원하실 것이다.

이처럼 우리 대제사장은 율법에 나오는 대제사장과 다르다.[레 21:18] 그들처럼 왜소하지 않으며 그들 같은 흠과 결함이 없다. 그러므로 직분을 합당히 수행하는 데 지치거나 실패하는 법 없이 "항상 살아 계셔서 그들을 위하여 간구하심"으로 "자기를 힘입어 하나님께 나아가는 자들을 온전히 구원하실 수" 있다.[히 7:25] 그가 이런 대제사장이 되셨다고 말하는 이 구절, 하나님이 그를 임명하고 세우고 부르셔서 이런 자격을 갖추게 하셨다고 말하는 이 구절은 충분히 고찰할 만한 가치가 있다. 이 구절은 우리를 향한 아들의 마음뿐 아니라 아버지의 마음을 보여준다. 즉, 이 제사장직이 아버지로부터 왔으며 그 영광스러운 효력 또한 아버지로부터 말미암은 것임을 보여준다. "그러므로 우리는 긍휼하심을 받고 때를 따라 돕는 은혜를 얻기 위하여 은혜의 보좌 앞에 담대히 나아갈 것이니라."

2. 우리는 반드시 그리로 달려가야 하기에

이제 두 번째 동기, 우리가 긍휼하심과 때를 따라 돕는 은혜를 얻어야 할 이유를 다룰 차례가 되었다. 은혜의 보좌로 합당하게 나아가면 긍휼하심을 받고 돕는 은혜를 받는다. 이 동기를 다루면서 살펴볼 점은 세 가지다. 첫째로, 성도는 세상에 사는 동안 어려운 때를 만나기 쉽다. 둘째로, 다른 어떤 것도 그 어려운 때를 헤쳐 나가게 해줄 수 없기에 더 많은 긍휼과 은혜를 계속 공급받아야 한다. 셋째로, 긍휼과 은혜는 은혜의 보좌에 있기에 기도로 거기서 얻어 와야 어려운 때를 제대로 헤쳐 나갈 수 있다.

(1) **성도는 어려운 때를 만나기 쉽다.** 그때 우리가 알게 되는 것은 하나님이 주시는 은혜의 계속적인 지원이 있어야만 이 세상을 제대로 헤쳐 나갈 수 있다는 사실이다. 이것은 보좌로 달려가 간구하도록 박차를 가하는 동기가 된다. 성경은 이 때를 "고통하는 때", "악한 날", "어둠"의 시간, "시험"의 날, "흐리고 캄캄한 날" 등으로 부른다.딤후 3:1, 엡 6:13, 눅 22:53, 히 3:8, 겔 34:12, 창 47:9, 마 6:34 사실 전체적으로 보면 나그네 길을 가는 모든 날이 악하다. 그렇다. 하나님의 은혜가 없다면 숨 쉬는 모든 인간 중에 가장 훌륭한 성도라도 너끈히 파멸시킬 만큼 악하다. 그런데 앞서 잠깐 말한 대로 특별히 악한 때, 성도에게 더 심히 해롭고 위험한 때가 있다.

은혜 안에서 아직 자라지 못한 일종의 유년 시절 내지 어린 시절이 있다. 이 기간에 흔히 "그 얼굴을 시온으로 향하여 그 길을" 묻는 자들에게 많은 해악이 발생한다.렘 50:5 마귀는 방금 죄인 하나를 잃었다. 포로가 탈옥했고 종이 주인을 떠나 도망쳤다. 이럴 때 지옥이 잠에서 깨어나고 마귀들이 뛰쳐나와 포효하며 도망자를 잡으러 쫓아오는 듯 보인다. 그를 시험하고 위협하며 아첨하고 낙인찍는다. 그의 눈을 속이고 잘못을 유도하며 토기장이의 물레에서 망가뜨리려 든다. 예수 그리스도께 나아가지 못하게 하기 위해서라면 무슨 짓이든 서슴지 않는다. 이런 때야말로 어려운 때가 아닌가? 은혜가 넘치도록 필요한 때가 아닌가? 이처럼 사방에서 공격받을 때야말로 은혜의 보좌에서 긍휼하심과 돕는 은혜를 열심히 구해야 하지 않는가? 이럴 때야말로 목숨처럼 귀한 기도의 영이 필요하다. 오, 그러니 내 말을 알아듣는 자여, 지옥에서 풀려난 자여, "앞에 있는 소망을 얻으려고 피난처를 찾은" 자여,^{히 6:18} 뒤에서 쫓아오는 사자의 포효를 듣는 자여, 쉬지 않고 철커덕거리는 마귀의 사슬 소리에 잠 못 드는 자여, 날듯이 달려가 부르짖으라. 그렇다. 하나님은 울며 나아와 간구하는 자를 인도해 주겠다고 약속하셨다. 자, 이런 때야말로 어려운 때다. 울타리는 낮고 가지는 약하다. 당신은 아직 어린 싹에 불과하다. 토기장이의 손에 있는 동안 망가지지 않도록 기도하라.

잘되는 때도 어려운 때다. 나는 지금 영적으로 잘되는 때를 말하는 것이다. 사탄은 곤궁할 때 시험하는 방법뿐 아니라 풍족할 때 옭아매는 방법도 안다. 그는 "높은 하늘에 있는 악의 영"이다.^{엡 6:12} 광야뿐 아니라 가나안 땅에도 올무를 놓을 줄 안다. 주리고 비었을 때뿐 아니라 좋은 것을 받아 누릴 때도 올무를 놓을 줄 안다. 그렇다. 잘되는 것 자체가 문제라는 말이 아니라 그럴 때 생기는 마음의 속임수 때문에 무엇보다 위험하다는 것이다. 그래서 모세도 이스라엘 자손에게 경고한다. 하나님이 약속의 땅과 포도원과 우물과 감람나무를 주어 배불리 먹게 하실 때 "너는 조심하여 너를 애굽 땅 종 되었던 집에서 인도하여 내신 여호와를 잊지 말"라고 한다.신 6:10-13 그리고 뒤에서 다시 한 번 이렇게 경고한다. "네가 먹어서 배부르고 네 하나님 여호와께서 옥토를 네게 주셨음으로 말미암아 그를 찬송하리라. 내가 오늘 네게 명하는 여호와의 명령과 법도와 규례를 지키지 아니하고 네 하나님 여호와를 잊어버리지 않도록 삼갈지어다. 네가 먹어서 배부르고 또 네 소와 양이 번성하며 네 은금이 증식되며 네 소유가 다 풍부하게 될 때에―모든 좋은 것이 많아질 때에―네 마음이 교만하여 네 하나님 여호와를 잊어버릴까 염려하노라. 여호와는 너를 애굽 땅 종 되었던 집에서 이끌어 내시고."신 8:10-14 이 말은 영적인 부분에도 그대로 적용될 수 있다. 이미 말한 대로 최상의 상태에 있을 때 오히려 올무에 걸려들 가능성이 있다. 큰 즐거움에 취해 겸손의 은혜를 구하길 잊는 자는, 베드로가 성부의 계시로 주 예수를 알고 고백한 연후에 추락한 자리로 즉시 추락할 것이다.

또 다른 어려운 때는 세상 재물이 없어 궁색할 때다. 이럴 때 시험과 올무에 둘러싸인다. 자기 행동과 처신을 잘 살피지 않으면 하나님 말씀은 물론이요 양심과도 타협하게 되며 모든 신앙과 고백을 헛되이 만들 위험한 일을 감행하려는 시험에 빠지게 된다. 거룩한 아굴은 이를 알았다. 그래서 부유하고 배불러 하나님을 부인하지 않게 해주시길, 가난해서 도둑질하다가 하나님의 이름을 욕되게 하지도 않게 해주시길 구했다.잠 30:7-9 세상에는 사람을 불편하게 만들어 결국 무너뜨리는 것들이 많다. 이런 악한 날에는 피부가 헐고 마른 양에게 파리 떼가 꼬이듯 마귀들이 꼬인다. 그러면 구더기가 들끓는 상황을 피하기가 힘들다. 한심하고 어리석고 나태한 생각들이 떠올라 머릿속을 가득 채운다. 지금은 예민한 양심을 가질 때가 아니라고, 자기가 한 말이나 약속에 신경 쓸 때가 아니라고, 외상을 갚을 때가 아니라고, 남의 것을 조금 훔치거나 슬쩍한 일에 골몰할 때가 아니라고 사탄은 속삭인다. 아굴은 이를 두려워했다. 그래서 이런 시험에 빠질 만한 상황을 면케 해주시길 구한 것이다. 이런 점에서 볼 때 오늘날 마귀의 올무에 걸려 신앙의 악취를 풍기는 자들이 그토록 많은 전적인 이유는, 어려운 때 돕는 은혜를 구하는 기도에 매달리는 대신 선을 행하길 포기하고 마귀의 시험과 교묘히 옭아매는 육체의 제안에 넘어가 버리는 데 있음을 알게 된다.

또 다른 어려운 때는 박해받는 때다. 앞서 말한 대로 성경은 이런 때를 "어둠"의 시간, "흐리고 캄캄한 날"이라고 부른다. 그만큼 온갖 종류의 악과 올무가 넘친다. 주변 사람들이 다 무섭고 옥에 갇히거나 재산과 목숨을 잃을 것이 두렵다. 사방이 캄캄하고 불같은 시련이 닥친다. 이럴 때 기도하지 못하는 자, 대제사장이신 예수 그리스도를 힘입어 은혜의 보좌에 계신 하나님께 나아가지 못하는 자는 만인 앞에서 형편없이 넘어져 자기 뼈만 부러뜨리는 것이 아니라 하나님을 경외하며 지켜보는 자들의 마음까지 부러뜨리기 쉽다. "그러므로 우리는 긍휼하심을 받고 때를 따라 돕는 은혜를 얻기 위하여 은혜의 보좌 앞에 담대히 나아갈 것이니라."

또 다른 어려운 때는 상황이 바뀌고 새로운 관계가 시작될 때다. 이때도 당신을 기다리는 올무와 덫이 있다. 희망에 찬 아이가 정식으로 예배에 참석하거나 견습생으로 들어갈 때, 젊은 남녀가 결혼생활을 시작할 때, 그전까지 하던 기도를 아예 그만두어 버린다. 자, 이런 자들은 종종 망가지며 완전히 실패한다. 변화에는 새로운 올무와 걱정거리와 시험이 따르기 마련인데, 방심하고 인식하지 못하는 탓에 걸려들어 영벌과 파멸로 끌려가는 것이다. 단언컨대 내 짧은 인생을 살아오는 동안에도 자기 삶의 자리에서 가장 앞서 나가고 희망차 보였던 이들이 이런 식으로 수렁에 빠지는 모습을 많이 보았다. 오, 얼마나 빨리 그 불꽃이 사그라지고 등불이 꺼져 버리던지! 얼마나 급히 자신들을 일깨워 주던 사역자들에 대한 사랑을 잃고, 교제를 통해 자신들을 깨워 주며 향취를 잃지 않도록 지켜 주던 가장 따뜻한 그리스도인들에 대한 사랑을 잃어버리던지! 얼마나 급히 새로운 친구와 동료, 새로운 삶의 방식과 방편, 어리석은 마음을 채워 줄 새로운 즐거움들을 찾아내던지! 오, 그러니 이런 상황에 처한 자여, "긍휼하심을 받고 때를 따라 돕는 은혜를 얻기 위하여 은혜의 보좌 앞에 담대히 나아갈 것이니라."

또 다른 어려운 때는 신앙을 고백하는 자들 대부분이 타락할 때다. 공상으로 만들어 낸 어리석은 관습이 사람들 사이에서 모든 엄숙함과 겸손함을 몰아낼 때다. 이럴 때 기도하지 않으면 죽는다. 그렇다. 다른 이들을 삼켜 버린 가볍고 우쭐대는 태도와 어리석은 공상과 헛된 관습과 부패를 대적하여 기도하지 않으면 분명 그것들이 당신의 문도 두드릴 것이요 당신의 환심도 사게 될 것이다. 그러면 금세 그들처럼 흙바닥에 엎어져 똑같은 지옥의 위험에 빠질 것이다.

또 다른 어려운 때는 죄책감으로 위축될 때, 하나님이 얼굴을 가리실 때다. 이럴 때도 위험하다. 이럴 때 기도하지 않으면 완전히 실패한다. 죄책감은 원래 하나님을 피하게 만든다. 첫 조상 때도 그랬다. 하나님이 얼굴을 가리실 때, 사람은 종종 자포자기하여 모든 의무를 내던진 채 저 옛사람처럼 "어찌 더 여호와를 기다리리요?"라고 한다.^{왕하 6:33} 그렇게 되지 않도록 가장 크게 도와주는 것이 기도, 지속적인 기도다. 기도는 마귀와 씨름하여 쓰러뜨린다. 하나님과 씨름하여 승리한다. 시험과 씨름하여 물리친다. 기도는 큰 일을 한다. 죄책감으로 위축된 자, 죄 때문에 하나님의 은총을 느끼지 못하고 미소를 보지 못하는 자의 기도라도 그렇다. 그러니 이렇게 어려운 때, 악한 때가 닥칠 때 기도하라. "긍휼하심을 받고 때를 따라 돕는 은혜를 얻기 위하여 은혜의 보좌 앞에 담대히 나아갈 것이니라."

비방과 중상을 당하는 때도 어려운 때요 은혜의 공급이 필요한 때다. 비방과 중상과 추문과 거짓말에 짓눌릴 때가 있다.^{시 69:7} 그리스도도 비방을 당하신 힘든 날이 있었다. 신앙을 고백하는 자들 중에 이런 것들 때문에 하나님을 향한 양심을 버리고 그의 이름을 공개적으로 시인하지 않는 이들이 많다. 비방을 당하는 것은 마치 돌에 맞아 죽는 것과 같다. 은혜의 보좌에서 열심히 구하여 비방을 견디게 해줄 긍휼과 은혜를 받지 못하면, 자신을 덮친 비방의 무게에 짓눌려 실패하거나 땅 속에 처박혀 버릴 것이다.

또 다른 어려운 때는 복음의 원칙이나 신앙고백에 따르는 시험 때문에 친구들이 자신을 버리고 떠날 때다. 선한 자들이 종종 이런 일을 겪는다. 그리스도와 바울과 욥과 헤만도 이런 일을 겪었고, 세상에 살았던 다른 하나님의 종들도 시험의 날에 이런 일을 겪었다. 이것은 쓰라린 시간이다. 그래서 욥은 개탄했다.욥 19:13-19 헤만과 바울과 그리스도도 그랬다.시 88:8, 딤후 1:15, 요 6:67 이럴 때는 광야의 올빼미나 황폐한 곳의 부엉이나 지붕 위의 참새처럼 외롭다.시 102:6-7 이럴 때 그리스도를 통해 기도로 은혜의 보좌 앞에 나아가지 못하고 그 보좌에서 자신을 떠받쳐 주시는 은혜를 가져오지 못한다면 대체 무엇을 할 수 있겠는가? 사람은 혼자 살 수 없다.요 15:4 그래서 이것은 쓰라린 악이다.

또 다른 어려운 때는 인생을 끝내고 세상을 떠나야 하는 죽음의 날이다. 심판의 날을 제외한 가장 큰 시련이 이때 찾아온다. "진동하지 아니하는 것"을 제외한 모든 것을 놓고 떠나야 한다.히 12:27 영원의 경계가 가까이 다가온다. 내생의 경계 너머가 보이기 시작한다. 죽음이 죽음으로, 무덤이 무덤으로 다가온다! 몸과 영혼이 분리된다는 것이 무엇인지, 하나님 앞에 가서 그를 뵙는다는 것이 무엇인지 깨닫기 시작한다.전 12:5 건강하고 부유할 때는 생각지 않았던 것들이, 임종의 자리부터 거룩한 천국 문 사이에 있는 것들과 그 어두운 입구가 더욱 실감나게 다가온다. 그래서 이때가 힘든 때, 실로 어려운 때가 되기 쉬운 것이다. 어리석은 자는 죽음에 화를 내고 그 앞에서도 자신만만해하겠지만, 신중한 자는 평생의 중대사로 삼아 그날을 위한 은혜를 쌓아 놓을 것이다. 차가운 죽음이 자기 손을 어루만지고 얼굴과 마음을 뒤덮으며 피를 굳힐 때, 강력한 죽음의 은줄이 풀리고 금그릇이 깨질 때,^{전 12:6} 능히 자기 영혼의 온기를 지켜 줄 만한 다른 것이 없음을 알기 때문이다. 자, 이 동기가 우리에게 박차를 가하여 긍휼하심을 받고 때를 따라 돕는 은혜를 얻기 위해 은혜의 보좌로 나아가게 만든다.

(2) 그 다음으로 다룰 주제는 **긍휼과 은혜를 계속해서 공급받지 못하면 다른 무엇으로도 어려운 때를 헤쳐 나갈 수 없다는 것**이다. 본문이 이를 위해 은혜의 보좌로 나아가 긍휼과 은혜를 얻으라고 권면하는 것만 보아도 충분히 알 수 있다. 다른 것으로도 헤쳐 나갈 수 있었다면 사도가 그것을 알려 주었을 것이요 그것을 얻을 자리로 성도들을 안내했을 것이다. 그런데 어려운 때에 은혜의 보좌로 나아가 긍휼하심과 돕는 은혜를 얻으라고 한 것은 오직 그것만이 악한 때에 우리를 도울 수 있기 때문이다.

이제 긍휼과 은혜에 대해 명확히 살펴보자. 우리는 긍휼로 그리스도를 통해 계속 거듭해서 용서받는다. 긍휼이 없으면 구원받지 못한다. 또한 우리는 은혜로 그리스도인답게 어려운 때를 헤쳐 나갈 힘과 뒷받침과 지지를 받는다. 은혜가 없어도 구원받지 못한다. 긍휼은 모든 죄를 사한다. 그리고 은혜는 확실한 것이다. "또한 뒤로 물러가면 내 마음이 그를 기뻐하지 아니하리라 하셨느니라. 우리는 뒤로 물러가 멸망할 자가 아니요 오직 영혼을 구원함에 이르는 믿음을 가진 자니라." 히 10:38-39

우리는 긍휼로 시험의 날에 나타나는 모든 약점과 잘못과 실패와 추락을 용서받는다. 그래서 긍휼을 구하며 "우리 아버지여, 우리 죄를 사하여 주옵소서"라고 기도해야 하는 것이다. 마 6:12 긍휼은 거저 주시는 것이지만, 그럼에도 하나님은 구해서 받으라고 하신다. 본문이 말하듯이 "긍휼하심을 받고 때를 따라 돕는 은혜를 얻기 위하여 은혜의 보좌 앞에 담대히 나아"오라고 하신다. 그러면 도움을 얻는다. 즉, 하나님의 긍휼이 예수 그리스도를 통해 보좌로부터 우리에게 미쳐서 어렵고 악한 때에 나타나는 모든 약점을 사해 주고 용서해 준다. 우리가 하나님께 나아가는 것은 이를 위해서다. 다윗이 "내 평생에 선하심과 인자하심이 반드시 나를 따르리니 내가 여호와의 집에 영원히 살리로다"라고 말한 의미, 시 23:6 "여호와여, 나의 발이 미끄러진다고 말할 때에 주의 인자하심이 나를 붙드셨사오며"라고 말한 의미가 여기 있다. 시 94:18 그리스도를 힘입어 사망에 이르는 죄의 전가와 롬 5:14 죄책에서 해방되고 씻음을 받으라.

긍휼 외에 어떤 것도 우리를 도울 수 없다. 우리가 가진 지식과 미덕과 성취로는 세상을 헤쳐 나갈 수 없다. 용서하시는 하나님의 긍휼이 없으면 자기 죄책을 지고 지옥으로 떨어져야 한다. 얻은 은혜나 얻을 은혜로도 안 된다. 하나님의 용서하시는 긍휼 외에 다른 어떤 것으로도 안 된다. 우리의 모든 미덕은 불완전하기에 흠 없이 순종할 수가 없다. 흠 없이 순종하지 못하기에 반드시 죄를 사하고 용서하시는 긍휼이 필요하다. 용서받지 못한 영혼이 어찌 되는지 나는 안다. 그래서 사도가 땅 위에서 헛된 삶을 살아가는 내내 필요한 긍휼, 인생의 모든 날에 필요한 긍휼을 계속 받기 위해 의무적으로 은혜의 보좌 앞에 나아가라고 한 것이다. 긍휼이 필요 없는 날은 단 하루도 없고 긍휼이 필요 없는 일 또한 단 하나도 없다. 당신이 살아가는 모든 날, 당신이 하는 모든 일에 긍휼이 따라와 죄악을 제거해 주어야 한다. 그렇다. 당신은 또 다른 긍휼의 행위, 더 나은 긍휼의 행위가 필요 없을 만큼 티 없이 긍휼을 받을 수가 없다. 우리는 합당한 만큼 겸손하게, 기꺼이, 기쁘게, 감사하며 긍휼을 받지 못한다. 그렇기에, 이런 것들이 부족하기에 또 다른 긍휼의 행위, 죄를 사해 주시는 긍휼의 행위가 필요한 것이다. 악한 때가 지속되는 한 긍휼은 계속 필요하다.

그러니 하나님께 나아와 이런 긍휼을 받으라고 부르시는 것이야말로 큰 은혜가 아닌가? 이런 은혜의 보좌와 제사와 대제사장과 큰 긍휼을 예비해 놓으시고 담대히 나아와 얻도록 초청하시는 하나님이야말로 말할 수 없이 선한 분이 아니신가? 어려운 때와 악한 날에 대해 알려 주시고 자신에게 나아와 긍휼을 구하게 하시는 것보다 더 인자한 처사가 있는가?

전에 알아챘듯이 여기서도 알 수 있는 사실은 하나님이 우리의 불완전함 때문에, 즉 우리에게 남아 있는 약점이 영원한 기업을 얻는 데 방해가 되지 않도록 은혜의 보좌와 대제사장이신 그리스도를 예비해 놓으셨다는 것이다. 의롭다 하심을 받은 자 안에도 약점이 남아 있어 미끄러지고 넘어지기에 긍휼과 용서의 과정이 필요하다. 여기서 알 수 있는 또 한 가지 사실은 하나님 백성이 불완전하다고 해서 염려하고 낙심해서는 안 된다는 것이다. 그렇다. 낙심한 나머지 믿음과 소망과 기도를 포기해서는 안 된다. 죄를 사해 주시는 긍휼을 구하러 나아갈 수 있는, 나아가야 하는, 마땅히 계속 나아가야 하는 은혜의 보좌가 예비되어 있기 때문이다.

우리가 보좌로 나아가는 것은 이런 긍휼을 받을 뿐 아니라 은혜 또한 얻기 위해서다. 긍휼을 받아야 은혜도 얻는다. 이 두 가지는 서로 연결되어 있다. 그래서 긍휼을 받고 은혜를 얻으라고 말하는 것이다. 다만 긍휼부터 먼저 받아야 한다. 일반적으로 거룩해지기 전에 용서부터 받아야 하는 것처럼, 특정한 은혜의 행위가 있기 전에 용서부터 받아야 한다. 그리스도의 공로로 먼저 긍휼을 입어 용서받지 못한 자는 은혜의 영을 받지 못한다. 하나님이 우리를 용서하고 입양하여 아버지가 되어 주지 않으시면 여기 나오는바 은혜로 더해 주시는 것들을 받지 못한다. 용서하시는 긍휼부터 받아야 새롭게 하시는 은혜를 얻는다. 그래서 사도가 먼저 긍휼부터 받고 은혜를 얻으라고 한 것이다.

나는 하나님이 우리 안에 거하시는 것이야말로 우리를 위해 지정해 놓으신 은혜라고 생각한다. 이 은혜를 계속 공급받아야 일할 수 있고 고난당할 수 있다. 하나님의 뜻에 따라 자신을 잘 관리하면서 일할 수 있고 고난당할 수 있다. "은혜를 받자. 이로 말미암아 경건함과 두려움으로 하나님을 기쁘시게 섬길지니."[히]

12:28 "더욱 큰 은혜를 주시나니 그러므로 일렀으되 하나님이 교만한 자를 물리치시고 겸손한 자에게 은혜를 주신다 하였느니라."약 4:6, 잠 3:34, 벧전 5:5도 보라. 여기서 말하는 은혜를 하나님은 이미 주셨고 또한 주실 것이다. 우리는 이 은혜를 이미 얻었고 또한 얻어야 한다. 하나님이 우리를 위해 계획하신 구원이 완성되기까지 은혜의 원리와 뿌리가 되는 이 은혜를 계속 공급받아야 한다.

사탄의 사자가 와서 바울을 쳤을 때도 이 은혜가 그를 위로했다. 그리스도가 친히 "내 은혜가 네게 족하도다"라고 하셨다.고후 12:9 마치 '바울아, 너무 낙담치 마라. 널 세워 주고 이기게 해줄 모든 것이 내게 있는데, 그것은 바로 내 은혜. 무엇이 널 짓누르더라도 내 은혜가 널 떠받쳐 주고 힘 있게 하여 승리의 삶을 살게 할 것이다'라고 말씀하시는 듯하다. 그런데 이 은혜는 그가 기도할 때 임했다. 그는 "내가 세 번 주께 간구"했다고 말한다.고후 12:8 또한 이렇게도 말한다. "하나님이 능히 모든 은혜를 너희에게 넘치게 하시나니 이는 너희로 모든 일에 항상 모든 것이 넉넉하여 모든 착한 일을 넘치게 하게 하려 하심이라."고후 9:8 보다시피 여기 나오는 은혜는 은혜의 영을 의미하는 것으로서, 이 은혜의 원리들을 계속 더 공급받아야 내면의 힘을 얻어 모든 착한 일을 넘치게 할 수 있다.

그러므로 여기서 내가 내릴 결론은 이것이다. 보좌에는 우리의 모든 약점을 용서해 주는 긍휼이 있고, 하나님 앞에서 온전히 선하게 행하며 살도록 우리를 더욱 힘 있게 해주는 은혜가 있다. 하나님은 더 많은 은혜를 주시며, 그 은혜를 거듭 넘치게 받는

자들은 한분 예수 그리스도를 통하여 생명 안에서 왕 노릇 하게 된다.롬 5:17

(3) 이제 **이 사실이 우리에게 가르쳐 주는 요점**을 몇 가지 밝혀 보겠다.

인간 본성은 인간 본성이기에 하나님을 섬길 수 없다. 그렇다. 은혜가 그 안에 거하는 자라도 은혜에서 .떠나면 섬길 수 없다. 은혜 없이는 어떤 일도 올바로 할 수 없다. 내 말은 복음의 의무 중에 어느 부분이나 어느 조각도 올바로 할 수 없다는 뜻이다. "은혜를 받자. 이로 말미암아……하나님을 기쁘시게 섬길지니." 은혜가 본성을 관리하고 조절하며 붙잡아 주어야 하나님을 기쁘시게 섬길 수 있다. 이 은혜를 얻자. 섬길 수 있는 은혜를 구하고 찾자. 은혜가 없으면 섬길 수 없다. "내가 나 된 것은 하나님의 은혜로 된 것이니 내게 주신 그의 은혜가 헛되지 아니하여 내가 모든 사도보다 더 많이 수고하였으나 내가 한 것이 아니요 오직 나와 함께 하신 하나님의 은혜로라."고전 15:10 이 아름다운 구절보다 더 분명히 이 점을 밝힐 수 있을까? 사도는 여기서 우리의 본성, 심지어 거룩해진 본성까지 완전히 배제한 채(그는 참으로 거룩한 사람이었음에도) 이제까지 해온 큰일들은 전부 자기가 할 수 없었던 것이었다는 결론을 내린다. 자기 속에 있는 하나님의 은혜가 다 했다는 것이다. 이처럼 본성은 아무리 거룩해도 본성이기에, 그 자체로는 아버지 하나님이 기뻐하시는 일을 할 수가 없다.

모든 경건한 자가 경험하는 바도 이것 아닌가? 전에 할 수 있었던 일을 아무 때나 할 수 있는가? 항상 똑같이 하나님 앞에서 기도하고 믿고 사랑하고 경외하고 회개하고 엎드릴 수 있는가? 그럴 수 없다. 왜 그럴 수 없는가? 똑같은 사람이요 똑같은 인간 본성이요 똑같은 성도인데 말이다. 그렇다. 같은 은혜가 같은 정도의 작용과 활력으로 지금 그 사람과 그 본성과 그 성도를 움직이지 않기 때문이다. 그래서 사람은 그대로인데도 항상 똑같이 행할 수가 없는 것이다. 아무리 정제되고 정화되고 거룩해진 본성이라도―이 또한 은혜로 되는 것이다―은혜의 영 및 원리가 즉각적으로 공급되어 고양시켜 주고 도와주지 않으면 아무것도 할 수 없다.

본성 속에 이미 은혜가 있더라도 그 은혜의 지원을 받지 못하면 하나님이 기뻐하시는 일을 할 수 없듯이 한번 은혜를 얻었더라도 더 공급받지 못하면 계속 기쁘시게 섬길 수가 없다. 이 또한 본문이 분명히 보여주는 사실이다. 이 권면은 은혜를 이미 얻은 자들을 향한 것이다. 그렇다. 사도 자신을 포함하여 "우리는 긍휼하심을 받고 때를 따라 돕는 은혜를 얻기 위하여 은혜의 보좌 앞에 담대히 나아"가야 한다. 이미 얻은 은혜로 충분하다면 더 얻을 필요가 있겠는가? 더 기도할 필요가 있겠는가? 더 얻기 위해 은혜의 보좌로 나아갈 필요가 있겠는가? 이 권면은 이미 얻은 은혜로 충분치 않다고 말한다. 현재 공급받은 은혜는 현재의 필요에 적합한 것으로서 현재 주어진 일과 의무를 다하도록 도와준다. 그런데 현재의 필요가 우리에게 생길 수 있는 필요의 전부이며, 현재의 일이 우리가 세상에서 해야 할 일의 전부인가? 현재의 일은 현재 얻은 은혜의 도움으로 할 수 있지만 다음 할 일은 또 다른 은혜의 공급을 받아서 해야 한다. 그래서 사도도 계속 하나님의 도우심을 받아 일한다고 말한 것이다. "하나님의 도우심을 받아 내가 오늘까지 서서 높고 낮은 사람 앞에서 증언하는 것은……."행 26:22 매일 할 일을 합당히 하려면 매일 간구하여 매일 공급받아야 한다.

현재 베푸신 은혜는 현재의 필요에 쓸 주머닛돈이나 때맞추어 내리는 비나 좋은 식사와 같다. 지난주에 좋은 식사를 했다고 해서 이번 주에 더 먹지 않아도 오늘 할 일을 할 수 있는가? 작년에 때맞추어 비가 내렸다고 해서 올해 더 내리지 않아도 지금 자라는 곡식과 풀이 때에 맞는 도움을 얻을 수 있는가? 전에 가진 돈으로 결핍을 채웠다고 해서 돈이 더 생기지 않아도 오늘의 결핍을 채울 수 있는가? 자, 은혜에 대해서도 똑같이 말할 수 있다. 등잔 기름처럼 한 번 채워진 후에도 계속 채워져야 하고 더해져야 한다. 은혜의 공급은 계속된다. 그는 "더욱 큰 은혜"를 주는 분이시기 때문이다.약 4:6 은혜는 뿌리에서 흘러나와 가지를 지탱하는 수액이다. 수액이 끊어지면 가지는 마른다. 그러나 가지가 나무에 붙어 있는 한 수액은 끊어지지 않는다. 완전히 끊어지지 않는다. 뿌리가 가지로 수액을 공급해 주듯이 그리스도가 각 지체로—각 지체가 제 할 일을 한다면—계속 은혜를 공급해 주신다. "우리가 다 그의 충만한 데서 받으니 은혜 위에 은혜러라."요 1:16

은혜는 얻은 그날 써야 한다. 얻은 그날이 얻은 은혜를 써야 할 때다. 우리는 땅에서 "외국인과 나그네"로 살도록 부름받았다. 이곳에서 저곳으로, 이 상태에서 저 상태로, 이 시련에서 저 시련으로 여행한다.^{히 11:13} 자, 여행자가 새 여인숙에 가면 새 돈을 내듯이 그리스도인도 새 시험을 만나면 새 은혜를 공급받아 써야 한다. 지체 높은 이들은 자식들이 여행할 때 적당히 쉴 곳에 돈주머니를 미리 맡겨 놓거나 값을 지불해 놓는다. 이런 식으로 공급을 책임진다. 높으신 하나님도 자식들을 아버지 집 멀리 바다 건너 보내 놓으시고, 어떤 장소나 상태나 시험을 만나든 필요한 대로 공급해 줄 은혜를 지정해 놓으셨다. 자식이 돈이 떨어지거나 어려운 일을 만날 때 자신에게 알려 주길 바라는 영주처럼 우리 아버지 하나님도 우리가 그리스도를 힘입어 은혜의 보좌로 나아가 은혜의 공급을 요청하길 바라신다. "그러므로 우리는 긍휼하심을 받고 때를 따라 돕는 은혜를 얻기 위하여 은혜의 보좌 앞에 담대히 나아갈 것이니라."

이 점을 생각하면, 실제로 하나님의 은혜에 붙잡힌 많은 그리스도인들이 왜 세상에서 그토록 이상하게 처신하고 빈궁하게 지내며 평범하게 사는지 알게 된다. 마치 풍족한 귀족의 아들이 충분히 잘 지낼 수 있는데도 굳이 궁색하게 지내는 것과 같다. 그런 젊은이들은 자기 필요를 아버지한테 알리는 일을 경멸하면서 아무렇게나 낡은 옷을 걸치고 해진 양말과 터진 신발을 신는다! 주의 깊지 못한 하나님 자녀의 모습이 꼭 그렇다!

이 점은 많은 성도가 크게 넘어지거나 실패하는 이유 또한 알려 준다. 장차 무슨 일이 닥칠지 잘 지켜보면서 그때 자신을 지탱해 줄 은혜의 공급을 힘써 구하지 않은 탓인 것이다. 다윗처럼 너무 부주의하거나 베드로처럼 너무 자신만만하거나 제자들처럼 잠에 취할 때, 시험과 결핍이 군사처럼 들이닥친다. 자신은 여러 가지가 부족하고 경험도 미약하며 하나님의 일에 대한 지식도 거의 없어 매일 넘어질 것 같다고 여기는 이들이 오히려 굳게 서는 이유, 자신들보다 갑절의 경험과 지식을 가진 이들보다 잘 지내는 이유 또한 알 수 있다. 그들은 기도하는 성도들로서 자주 은혜의 보좌 앞에 나아간다. 자기 약함을 감각하고 눈앞의 위험을 주시하기에 더 많은 은혜를 받기까지 만족하지 않는다.

이것은 그 다음 요점으로 이어진다. 우리가 지혜롭다면, 그래서 은혜의 보좌를 정기적으로 찾아가 마땅히 얻을 은혜를 얻는다면, 오, 얼마나 흠 없이 살 수 있겠는가! 그렇게만 한다면 언제든지 때를 따라 돕는 은혜를 얻을 것이다. 본문이 말하는 대로 "긍휼하심을 받고 때를 따라 돕는 은혜를 얻"을 것이다. 베드로는 바로 이런 의미에서 다음과 같이 말했다. "그러므로 너희가 더욱 힘써 너희 믿음에—그리스도를 믿는 믿음과 의롭다 하심을 받은 복된 상태에—덕을, 덕에 지식을, 지식에 절제를, 절제에 인내를, 인내에 경건을, 경건에 형제 우애를, 형제 우애에 사랑을 더하라. 이런 것이 너희에게 있어 흡족한즉—은혜의 보좌에서 계속 공급받은즉—너희로 우리 주 예수 그리스도를 알기에 게으르지 않고 열매 없는 자가 되지 않게 하려니와 이런 것이 없는 자는 맹인이라. 멀리 보지 못하고 그의 옛 죄가 깨끗하게 된 것을 잊었느니라. 그러므로 형제들아, 더욱 힘써 너희 부르심과 택하심을 굳게 하라. 너희가 이것을 행한즉 언제든지 실족하지 아니하리라. 이같이 하면 우리 주 곧 구주 예수 그리스도의 영원한 나라에 들어감을 넉넉히 너희에게 주시리라."^{벧후 1:5-11}

오늘날 신앙을 고백하는 자들 대다수는 죄책감에 위축되어 용서를 구하는 데만 시간을 쓸 뿐 더 이상 앞으로 나아가지 못한다. 그러나 자신이 가진 믿음과 덕과 그 밖의 것들에 은혜를 더하기만 한다면 더 큰 평안을 얻을 것이요 더 훌륭한 삶을 살 것이요 지금처럼 자주 궁지에 빠지지 않을 것이다. "그의 행위를 옳게 하는 자―올바로 행하는 자―에게 내가 하나님의 구원을 보이리라."^{시 50:23} 은혜의 보좌에서 계속 간구하여 은혜를 더 얻지 못하면 올바로 행할 수가 없다. 새로운 시험이 닥칠 때마다 허를 찔리고 패배하여 새로운 회심이 필요한 지경으로―어두운 그늘을 드리우며 달라붙는 죄책감과 권세에서 다시 회복되어야만 할 형편으로―떨어지는 이유가 여기 있다. 새로운 시험, 갑작스런 시험, 예기치 못한 시험은 대개 깨어서 잘 지켜보지 못한 자들, 미리 하나님과 함께하며 곧 닥칠 상황에 알맞은 은혜를 충전해 놓지 못한 자들의 허를 찌른다.

"때에 따라 돕는 은혜를 얻기 위하여!" 가장 큰 곤경에 빠졌을 때 우리를 도와줄 은혜가 은혜의 보좌 앞에 있다. "찾으라. 그리하면 찾아낼 것이요."^{마 7:7} 보좌 앞에 있으니 보좌 앞에서 찾아야 한다. 찾고 구하는 영혼은 찾아낼 것이다. 그러므로 내 결론은 처음과 동일하다. "그러므로 우리는 긍휼하심을 받고 때를 따라 돕는 은혜를 얻기 위하여 은혜의 보좌 앞에 담대히 나아갈 것이니라."

chapter 06

결론: 여기서 배울 6가지 교훈

이제 결론적으로 내용 전체를 정리해 보겠다.

1. 이제까지 은혜의 보좌가 어떤 곳인지 밝히면서 말한 내용을 반드시 기억하기 바란다.

우리는 그리스도가 드리신 제사와 은혜의 보좌 앞에서 대제사장 직분을 수행하시는 방식에 대해 이야기했다. 우리가 이 은혜의 보좌에서 받고 얻어야 할 긍휼과 은혜에 대해, 그것이 나그네 길을 가는 우리에게 주는 유익에 대해 이야기했다. 이 모든 내용을 통해 내릴 수 있는 결론은 죄가 참으로 무섭다는 것이다. 그 죄에서 인간을 구원하기 위해 이 모든 수고가 필요했다! 그러니 죄는 얼마나 마귀적인 것인가! 죄는 최고로 마귀적인 것이다. 어떤 마귀적인 것보다 더 나쁜 것이다. 죄는 사람을 마귀로 만든다. 죄 외에 다른 것은 그렇게 만들지 못한다.

자, 대답해 보라. 죄의 권세와 통치 아래 영원히 살면서 하나님을 완강히 대적하는 영이 마귀가 아니라면 무엇이 마귀란 말인가? 하나님은 자신의 공의에 따라 이런 영들이 심판을 받도록 정해 놓으셨고, 하늘과 땅의 어떤 권세도 그 준엄한 결정에서 이들을 풀어 줄 수가 없다. 이들은 죄에 휩쓸려 자신들을 지으신 하나님을 떠났을 뿐 아니라 자기 자신조차 잃어버렸다. 자신에게 영원히 해로운 줄 알면서도 죄를 놓지 못한다. 죄에 너무 얽매어 있기에 어떤 구원도 불가능하다. 오직 하나님의 아들만 구원하실 수 있는데, 아들 또한 이들이 합당한 심판을 받도록 내치고 버려두셨다.

죄는 인간도 굴복시켜 하나님과 그의 구원을 대적하는 원수로 만들었다. 인간을 붙잡아 포로로 삼았고, 정신과 의지와 마음을 사로잡아 하나님을 떠나게 했으며, 스스로 헛된 존재가 되는 편을 택하게 했고, 기쁘고 즐거운 마음으로 영원한 멸망의 위험을 자초하게 했다. 그러나 하나님은 인간을 악한 영들과 같은 상태로, 즉 어둠에 영원히 결박된 채 심판을 기다리는 상태로 버려두지 않으셨다. 그들을 대속하여 자신과 화목케 할 방법을 강구하셨다. 이 글 앞부분에서 다룬 내용이 그것이다. 자, 하나님의 긍휼과 사랑하는 아들의 심장에서 흐른 피 외에 어떤 것도 그 손아귀에서 벗어나게 할 수 없을 만큼 단단히 우리를 부여잡고 있는 죄는 얼마나 지독하고 마귀적이며, 최고로 마귀적인 것인가!

오, 죄의 본성은 침식하고 갉아먹고 감염시키며 더럽히고 독을 퍼뜨리는 것으로서 우리 육신과 영, 몸과 혼을 파먹으며 악취나는 고약한 얼룩을 남긴다. 그렇다. 사람을 거의 죄의 본성 자체에 가깝게 만든다. 인간 본성을 언급하며 죄를 가리키거나 죄를 언급하며 인간 본성을 가리키는 경우가 있을 정도다.엡 2:3, 5:8 이처럼 죄는 무서운 것, 비통해하며 혐오해야 할 것, 마귀를 보고 황급히 도망칠 때보다 더 놀라고 떨리는 마음으로 피해야 할 최악의 것이다. 죄보다 더 나쁜 것은 없다. 앞서 말한 대로 죄는 하나님의 긍휼과 사랑하는 아들의 심장에서 흐른 피 외에 다른 어떤 것도 풀어줄 수 없을 만큼 단단히 포로를 붙어잡고 있기 때문이다. 오, 지독한 죄여!

2. 이제껏 말한 죄의 심히 죄됨이 드러날 때 영혼의 귀중함 또한 드러난다.

이 모든 일은 영혼의 속량을 위한 것이었음을 알아야 한다. 영혼의 속량은 그만큼 귀중한 것이다.시 49:8, 20 자, 영혼을 속량하기 위해 이 모든 일이 필요했다. 그리스도가 제사장과 제물과 제단과 은혜의 보좌가 되셔야 했다. 그렇다. 우리를 죄와 죽음과 영원한 멸망에서 구원하는 데 필요했기에 죄와 저주와 그 밖의 모든 것이 되셔야 했다. 영혼이 어떤 것인지 알고 싶다면 피로 쓰인 그 값과 액수를 보라. 예수 그리스도가 세상에서 고난을 당하시고 영혼을 위한 대속물로 자신을 내주신 것은 가볍고 하찮고 적은 값이 아니었다. 결코 아니었다!

영혼은 그만큼 큰 것, 엄청나게 큰 것이다. 그런데도 아주 작게 여기는 자들이 있다. 그들은 영혼보다 자기 마음에 끌리는 대상을 택한다. 난잡한 여자든 거짓말이든 한 그릇 음식이든 부정한 행위든 계속 바뀌는 열정이든, 할 수만 있으면 그것을 택한다. 그런 자들처럼 그리스도도 영혼을 작게 여기셨다면 결코 아버지 품을 떠나지 않으셨을 것이요 아버지와 함께 누리던 영광을 버리지 않으셨을 것이다. 결코 그처럼 자신을 낮추어 형벌과 고통과 슬픔을 당하지 않으셨을 것이요 그런 조롱과 멸시와 비방을 당하지 않으셨을 것이다. 그가 하신 이 모든 일 덕분에 죄인의 영혼은 그와 함께 영광 가운데 살 수 있게 되었다.

영혼을 위해 이런 수고를 하시고 이런 방법을 강구하시며 이런 유익을 도모하셨다는 것이야말로 신비 중에 신비라고 나는 생각한다. 범죄하는 영혼은 죽는다!젤 18:20 오, 죄여! 네 정체는 무엇이냐? 대체 무슨 짓을 한 것이냐? 긍휼과 피와 은혜가 막지 않는다면 무슨 짓을 더 할 작정이냐? 오, 어리석은 영혼이여! 죄에 붙잡혀 얼마나 어리석은 바보가 되어 버렸느냐? 죄에 걸맞는 노새가 되어 버렸느냐? 애초에 하나님을 위해, 그가 기뻐하시는 대로, 그의 형상에 따라 지어졌던 불멸의 영혼이 첫 자리를 떠나 이처럼 죄를 섬기는 신세로 전락하고 마귀의 원숭이가 되어 세상의 극장과 무대에서 광대놀음이나 하고 있다니! 나는 기억할 것이다. 죄가 일찍이 하늘에 있던 영광스러운 천사도 속여 더러운 개구리나 두꺼비나 쥐나 고양이나 파리나 생쥐나 큰 개나 개새끼가 되게 하고 그런 모습으로 불쌍한 인간들에게 나타나게 함으로써 영생을 빼앗으려는 목적을 달성하는 데 이용할 수 있었다면, 사람의 영혼을 현혹하여 잠깐의 쾌락처럼 쓸모없고 형편없는 것을 위해 자신을 팔아넘김으로써 하나님과 모든 선을 잃게 만드는 것 또한 놀랄 일이 아니라는 사실을.

3. 죄와 영혼이 그토록 큰 것일진대 하나님이 거기에 어떤 관심과 사랑을 쏟으셨는지 보라.

영혼을 향한 사랑과 그들을 죄에서 건져 내는 일에 쏟으신 그의 관심을 보라. 앞서 말한 대로 죄는 아무도 그 손아귀에서 벗어나지 못할 만큼 강력한 것이며, 영혼은 그 2만 분의 1이라도 합당한 값을 치르지 못할 만큼 비싸고도 값진 것이다. 그러나 인간을 사랑하시는 하나님, 죄의 가장 큰 원수이신 하나님은 죄를 효과적으로 타도하고 영혼을 구원하여 안전히 확보할 수단을 마련하셨다. 우리를 향한 하나님의 이 사랑과 관심을 보라. 우리는 자신을 사랑하지도 않고 관심을 쏟지도 않는데 하나님은 사랑하시고 관심을 쏟으셨다. 우리를 사랑하여 우리 죄를 위한 화목 제물로 아들을 보내셨다.

요컨대 "하나님은 사랑"이시다.요일 4:8 그가 우리에게 품으신 사랑은 우리가 자신에게 한 번도 품어 본 적이 없는 사랑이다. 종종 자신에 대한 사랑을 검증해 볼 때 거듭 확인되는 사실은, 우리 그리스도인조차 할 수만 있었다면 자기 자신과 자기 영혼

• 사탄이 동물의 형태로 나타나 가련한 자들을 시험하고 죄를 짓게 한다는 것은 번연 시대 사람들의 보편적인 생각이었다.

과 그리스도에 대한 관심을 저당 잡혀서라도 짐승같이 더러운 정욕을 채웠으리라는 것이다. 그런데 긍휼이 풍성하신 하나님이 우리를 사랑하신 그 큰 사랑을 인하여 그것을 허용치 않으셨다. 자, 구원을 그토록 낮고 천히 여길 만큼 자신을 향한 사랑이 변덕스럽고도 불확실한 우리에게 선택권이 주어진다면, 과연 영혼의 구원을 위해 자신이 가진 최고의 것을 내놓겠는가? 그런데 하나님은 자기 아들을 세상의 구주로 내주셨다. 다시 묻겠다. 자기 영혼을 향한 사랑이 그토록 빈약한 우리가 하물며 남의 영혼을 더 충만히 사랑하겠는가? 그런데 하나님은 우리를 이처럼 사랑하여 우리 죄를 위해 자기 독생자를 내주셨다. 또 한 번 묻겠다. 자기 영혼에는 더 이상 관심이 없고 대부분 자기 행복만 생각하면서 사는 우리가 하물며 남의 영혼을 안전히 확보하기 위해 최선을 다하겠는가? 그런데 모든 피조물보다 무한히 위에 계신 하나님은 자신을 낮추어 티끌과 재 같은 자들을 염려하시고 그들을 위해 양떼 중에서도 가장 좋은 양, 자신이 사랑하는 외아들을 내주셨다. "사랑은 여기 있으니 우리가 하나님을—또한 우리 이웃을—사랑한 것이 아니요 하나님이 우리를 사랑하사 우리 죄를 속하기 위하여 화목제물로 그 아들을 보내셨음이라." 요일 4:10

4. 죄가 그토록 지독하단 말인가? 영혼이 그토록 귀중하단 말인가? 죄인의 영혼을 구원하시려는 하나님의 사랑과 관심이 죄인 스스로 자기 영혼에 쏟는 관심보다 그토록 무한히 더 크단 말인가?

이를 생각하면 부끄러워 얼굴을 붉히며 가리게 된다. 이처럼 얼굴을 붉히며 부끄러워하는 것보다 더 죄인에게 합당한 모습을 나는 알지 못한다. 죄인은 지독한 죄를 품고 돌보고 먹이는 하나님의 큰 원수이자 영혼의 큰 원수다. 하나님이 자신을 어떻게 창조하셨는지, 그런데 자신이 그 창조와 자기 영혼을 만드신 재료를 얼마나 가벼이 여겼는지 생각하면 부끄러워하는 것이 당연하다. 무한히 더 선한 것들이 준비되어 있고 값없이 주어져 있는데도 어떤 천한 것들에 골몰하고 집중했는지 생각해 보라. 그렇다. 자신을 만드신 하나님과 자신을 속량하러 오신 아들을 어떻게 외면해 버렸는지, 오히려 자기 영혼을 멸망시킬 생각밖에 없는 존재를 앞에 두고 끌어안으며 사랑하고 헌신했는지 생각해 보라.

오, 주여! 언제가 되어야 어리석은 인간이 지혜로워져서 두 손으로 제 머리를 감싸고 얼굴을 가린 채 부끄러워하며 하나님께 나아가 자신이 범한 악을 용서해 주시길 구하겠나이까! 우리는 거룩함과 정의를 본성적으로 싫어하며 거역하는 악, 우리에게 없어서는 안 될 긍휼과 사랑을 거역하는 악을 범했다. 죄인이여, 부끄러워하라, 부끄러워하라. 오, 부끄러워할 줄 아는 은혜를 당신에게 베풀어 주시길!

하나님은 개탄하신다. "그들이 가증한 일을 행할 때에 부끄러워하였느냐. 아니라. 조금도 부끄러워하지 않을 뿐 아니라 얼굴도 붉어지지 아니하였느니라."렘 8:12 이처럼 인간에게 아무 생각이 없는 것은 통탄할 만한 일이다. 그런데 인간은 실제로 그렇게 지내고 있다. 하나님과 그의 말씀과 마귀와 죄와 지옥과 심판을 계속 농담거리로 삼고 있다. 그러나 언젠가 심각해질 날이 올 것이다. 그리고 그때는 너무 늦을 것이다!

5. 죄는 그토록 무서운 것이지만 하나님이 이미 악과 그 결과 찾아올 멸망으로부터 우리를 구원할 효과적인 치료책을 마련해 주지 않으셨는가?

이 사실은 경건한 자들의 마음속에 감사를 불러일으킨다. 그들은 이 은혜에 참여하는 자가 되었다. 그렇다. 이 사실이 그들의 마음에 감사를 불러일으킨다. 사도는 우리가 이제껏 다룬 일들보다 훨씬 못한 일도 중히 여기며 "말할 수 없는 그의 은사로 말미암아 하나님께 감사하노라"고 했다.고후 9:15 그것은 기꺼이 선을 베푼 이들의 마음을 향한 감사였고, 이것은 기꺼이 선을 베풀어 주신 하나님의 마음을 향한 감사다. 그것은 가난한 성도들에게 기꺼이 돈을 내준 이들을 향한 감사였고, 이것은 세상에 기꺼이 아들 예수 그리스도를 내어 주신 하나님을 향한 감사다. 다윗도 이 속량과 구원을 생각하면서 "내 영혼아, 여호와를 송축하라. 내 속에 있는 것들아, 다 그의 거룩한 이름을 송축하라"고 외쳤다.시 103:1 오! 속량의 은혜에 참여한 자들, 은혜의 보좌와 은혜의 언약과 그리스도를 얻은 자들, 하나님의 아들의 사랑 앞에 나아가 그 사랑으로 사는 자들은 감사하는 백성이 되어야 마땅하다! "그러므로 우리는 예수로 말미암아 항상 찬송의 제사를 하나님께 드리자."히 13:15 하나님이 그 백성에게 얼마나 많은 감사의 책임—그의 거룩하심을 기억할 때마다 감사할 책임—을 맡기셨는지!

제사장직 곧 예수 그리스도의 대제사장직을 연구하되 전반부와 후반부를 다 연구하라. 전반부는 성문 밖에서 자신을 드리시고 친히 나무에 달려 몸으로 우리 죄를 담당하신 일이요, 후반부는 그가 지금 계신 곳 하늘에서 수행하시는 일이다. 자, 그리스도가 이미 하신 일과 지금 하시는 일을 연구하라. 오! 그가 지금 무슨 일을 하시는가? 제사장 예복을 입고 은혜의 보좌 앞에서 자신의 피를 뿌리신다. 그런데 하나님의 성도들이 이 생각을 너무 하지 않는다. "지금 우리가 하는 말의 요점은 이러한 대제사장이 우리에게 있다는 것이라. 그는 하늘에서 지극히 크신 이의 보좌 우편에 앉으셨으니 성소와 참 장막에서 섬기는 이시라. 이 장막은 주께서 세우신 것이요 사람이 세운 것이 아니니라."히 8:1-2

동료 그리스도인들이여, 그리스도의 이 복된 직분을 부지런히 연구하라. 선한 것, 감미로운 것, 하늘의 것, 시험에 빠져 낙심한 자들을 구제하고 원조해 줄 것들이 여기 가득 담겨 있다. 그러므로 다시 말하건대 이것들을 연구하라. 이것들에 전념하라.

6. 하나님은 한 어린양, 제물, 제사장, 은혜의 보좌를 예비해 놓으시고 거기 앉아 있는 자신에게 나아올 것을 명하신다.

그가 명하시는 대로 나아가라. 담대히 나아가라. 자신에게 나아오라는 명령보다 더 좋은 보장이 있는가? 집주인한테 직접 찾아오라는 말을 들은 거지는 얼마든지 그의 집에 찾아갈 수 있다.

그것도 담대히 찾아갈 수 있다. 그 초청을 생각하면 용기가 솟아난다. 또 궁전에 친구가 있어도 담대히 찾아갈 수 있다. 그런데 이 보좌에는 제물이자 대제사장이신 예수가 계신다. 그러므로 "그 안에서 그를 믿음으로 말미암아 담대함과 확신을 가지고 하나님께 나아"갈 수 있다.^{엡 3:12} "또한 그로 말미암아 우리가 믿음으로 서 있는 이 은혜에 들어감을 얻었으며 하나님의 영광을 바라고 즐거워하느니라."^{롬 5:2} "그러므로 형제들아, 우리가 예수의 피를 힘입어 성소에 들어갈 담력을 얻었나니."^{히 10:19}

긍휼하심을 받고 때를 따라 돕는 은혜를 원하는 자들에게 이보다 더 분명한 보장, 용기와 위안을 주는 보장이 있는가! 은혜의 보좌로 담대히 나아가길 두려워하며 뒤로 물러나는 것은 하나님께는 불명예가 되고, 당신에게는 불이익이 되며, 사탄에게는 격려가 된다. 그러니 은혜의 보좌로 나아가자. "우리가 마음에 뿌림을 받아 악한 양심으로부터 벗어나고 몸은 맑은 물로 씻음을 받았으니 참 마음과 온전한 믿음으로 하나님께 나아가자. 또 약속하신 이는 미쁘시니 우리가 믿는 도리의 소망을 움직이지 말며 굳게 잡고 서로 돌아보아 사랑과 선행을 격려하"자.^히
10:22-24